「拉致」異論

停滞の中で、どこに光明を求めるのか

増補決定版

太田昌国

現代書館

はしがき

新たに本書を手にした読者のために、そしてまた、二種類の旧版の読者が戸惑われないように、最初に本書の成り立ちを説明しておきたい。

二〇〇二年九月一七日、当時の小泉純一郎首相が朝鮮民主主義人民共和国（以下、朝鮮、あるいは朝鮮国と呼ぶ）の首都、ピョンヤンを訪問して、当時の金正日《キムジョンイル》総書記とのあいだで日朝首脳会談が開かれた。この会談の結果、朝鮮国は、噂されてきた日本人拉致が同国によってなされたものであることを認めたが、そのことは、本書本文が詳しく述べるように、日本社会に激震をもたらした。会談の中心的な議題であり、両首脳が署名した日朝平壌《ピョンヤン》宣言の眼目でもあった国交正常化という課題が第一義的に重要だと主張する者は、メディア上からほとんど消えた。私は、この事態の当事者としていきなり社会の前面に躍り出た拉致被害者家族会の人びとや、政府、メディアが行なう事態の解釈の仕方に深い疑問と批判を抱き、私なりに事態を解明するための発言を翌日から始めた。日本を含めた、広く東アジアの近現代史を解釈するうえでの重大な諸問題がそこには孕まれていると考えたからであった。

その発言は、事態の発端から一年足らずのうちに一定の質量となった。それをまとめた『「拉致」

異論』の初版は、『あふれ出る「日本人の物語」から離れて』という副題を付して、二〇〇三年七月七日、太田出版から刊行された。初版の第一章と第二章は、この「増補・決定版」でもそのまま収録されている。初版本の第三章には、「格子なき牢獄の国から遠望する収容所国家」と題して、事件の「発覚」以前の一九九〇年代に書いたいくつかの文章を収めた。それらの文章は、その後の事態の推移の中で役割を終えたと判断し、それ以降の版には収録していない。

日朝両国間に横たわる困難な諸問題を解決するための具体的な方法も述べた同書は、私の意に反して多勢に無勢だった。この本では、社会主義を自称する朝鮮国政治指導部に対する批判も、その体制に無批判であるか無関心を決め込んできた日本の左翼とリベラル派に対する自己批判的な問題提起も行なった。だが、何よりも、自らの植民地主義が犯した犯罪を自己免罪するごとくに拉致問題を利用して日本ナショナリズムの悪煽動を行なう者たちに対する批判に力点を置いた。ごく一部のメディアでは書評として取り上げられたりもしたが、圧倒的多数のメディアから黙殺された。私はこの事態の渦中で、若いころ愛読した横光利一の「頭ならびに腹」（一九二四年）の有名な冒頭の一節を、よく思い出していた――「真昼である。特別急行列車は満員のまま全速力で馳けてゐた。沿線の小駅は石のやうに黙殺された」。

事態は何も変わることなく、一年、二年……五年と過ぎていった。否、この言い方は正確ではない。拉致問題をめぐる状況には何の進展も変化も見られなかったが、この問題を排外主義的なナショナリズムの煽動と強化に利用した政治勢力は、明らかな成果を獲得しつつあった。内政にいかなる問題があろうとも、近隣諸国を忌み嫌い、それを根拠に国内的に結束する社会的雰囲気がしっかりとつくられつつあったからだ。それは、政治的には、二〇〇六年の第一次安倍晋三政権の成立として表現された。

他方で私は初版刊行後の一年間で五〇回以上の講演を行なった。折を見て、文章も書き続けた。その結果、二〇〇八年三月には、『「拉致」異論——日朝関係をどう考えるか』が河出文庫として刊行された。初版本の第一章と第二章に加えて、第三章として「文庫版のための増補」(今回の増補決定版では「過去と現在の往還の中で捉える拉致問題」と改題)を書き加えた。そこでは、『「拉致」異論』刊行以後の五年間に、講演と文章を通して得られた人びととの出会いの意味や、関連する土地への旅の空で考えたことなどに触れた。本橋哲也氏が「解説」を寄せてくれた。

翌年二〇〇九年には、私がかつて批判の対象とした元拉致被害者家族会事務局長・蓮池透氏との対談本『拉致対論』(太田出版)を出版した。その意義については、第四章「停滞の中で、どこに光明を求めるのか——本書初版刊行から一五年後に」で詳しく触れることにする。

それからさらに一〇年近くが経った。「拉致問題の解決を最重要課題」と掲げる第二次安倍政権が成立してから五年有余を経たが、問題は一ミリも進展していない。今年二〇一八年に入って、朝鮮半島情勢は急激な展開をみて、今日に至っている。南北首脳会談と米朝首脳会談が実現した。昨二〇一七年末の情勢を思い起こせば、信じられないような事態の展開である。「(朝鮮国との間では)対話のための対話は無意味」「(朝鮮国への)制裁と圧力」という方針の下で、日米韓が一体化していると考え、公言してきた日本政府は、その米韓両政府から梯子を外されたことに慌てふためいている。この失態を取り繕うかのように、首相は、朝鮮国最高指導者と会談の用意があることを、急に言い出している。この情勢下で、拉致問題があらためて社会的な関心を引くものとして浮上して来た。だが、この問題を論じる視点は、被害者家族会も、政府も、メディアも、いっこうに変わらない。問題の核心から逸れた空論が、この社会を支配している。そこで、『「拉致」異論』の旧刊行本はいずれも品切れになっていることから、急遽「増補決定版」の本書を刊行することにした。

この「増補決定版」の底本は、二〇〇八年河出文庫版としたが、本橋氏の「解説」は収録していない。第一章から第三章までは文庫版のままで、新たに付け加えたのは、「はじめに」、「第四章　停滞の中で、どこに光明を求めるのか――本書初版刊行から一五年後に」、「増補決定版へのあとがき」のみである。

以上が、本書刊行に当たっての読者への「おことわり」である。

二〇一八年八月一五日

著者

「拉致」異論　停滞の中で、どこに光明を求めるのか＊目次

第一章　日朝戦後政治精神史――拉致問題に寄せて（二〇〇三年五月）

はじめに――旧帝国と新帝国の亡霊たち

二〇〇三年三月一七日――その日私たちは、テレビや新聞写真を通して、ひとつの画像を目にしたのだった。三人の男がそこには映っていた。世界近代に関心をもつ人は誰でも、男たちの背後にある、それぞれの「国」の、時間軸を異にする、歴史の共通性を思っただろう。

真ん中に立つのは、スペイン首相アスナール。向かって左側にイギリス首相ブレア、右側には米国大統領ブッシュがいた。場所は、大西洋はリスボンとワシントンの中間に位置するポルトガル領アゾレス諸島。こんなところにまで米国は軍事基地を持っており、三人はそこに集まった！　目的は、イラクへの軍事攻撃をめぐって、都合のよい道具として利用しようとした国連においてすらついに一致どころか多数派を形成できなかった三国が、この事態をどう取り繕うかを協議することにあった。言葉を換えると、侵略と虐殺の戦争を開始するための儀式のような会議。

アスナールの国は、かつてヨーロッパ世界の他の国に先駆けて、アゾレス諸島も浮かぶ大西洋の彼方へと向かう大冒険航海を、ジェノヴァの商人、コロンブスに委ねた。一四九二年のことである。コロンブスは、夢に見た日本《ジパング》にではなく、後にアメリカと呼ばれることになる大陸に行き着いた。「発見の偉業」に沸き立つスペインからは人びとが続々と「新大陸」に押し寄せ、そこを植民地化した。

世界近代初の他民族支配＝植民地主義帝国の誕生であり、現代にまで繋《つな》がるグローバリゼーション（全球化）の端緒である。その際になされた先住民の大量虐殺も、奴隷化も、集団的なレイプも、土地の収奪も、「発見の偉業」の陰に、隠された。

スペイン帝国に遅れをとったブレアの国は、その後を追った。当時スペイン領だったネーデルランドの独立戦争を援助し、スペインの無敵艦隊を打ち破って（一五八八年）、海外発展の基礎を固めた。東インド会社を設立しインド・大西洋貿易を独占し始めるのは、その僅《わず》か一二年後の一六〇〇年のことである。七つの海を支配したと言われるほどに、イギリスは植民地を拡大し、世界規模の貿易網を作り上げて、そこから膨大な資本を蓄積した。一八世紀後半の産業革命によってイギリスの世界支配はその頂点に達したが、それを可能にしたのが植民地支配と奴隷貿易による膨大な収入であった事実は、公認の歴史叙述の中では、長いこと隠されたままだ。

スペインが植民地主義帝国としての歴史を刻んですでに一世紀が過ぎた一六〇七年、アメリカ大陸にイギリス最初の植民地＝ジェームズタウンは作られた。加えて、スペイン、オランダ、フランスも進出して、ヨーロッパ列強が北アメリカでの覇権争いを繰り広げた。奴隷労働と奴隷貿易からもっとも効率的な蓄財を行なったイギリスからの移住者たちは、その資本力を基盤に、一七七六年イギリスからの独立を宣言した。東部一三州に限られていた独立アメリカは、割譲と売買によって領土を拡張した。膨張が国民的な利益にかなうという考え方は、その後の米国史を規定した。先住民族＝インディアンに対する徹底した殺戮《さつりく》・土地収奪・隔離の政策によって「西部開拓」史は進められ、ついにはメキシコとの戦争に勝利して、テキサス、カリフォルニアなどの、太平洋への出口に至る広大な領土を割譲させた。一八四八年のことである。それから一世紀半以上、膨張は「明白なる天命《マニフェスト・デスティニー》」と信じる自己中心的な選民思想に支配されたこの国は、世界中の至るところで、政治的・経済的・軍事的・社会的・文化的に、思うがままのふるまいを繰り返し、その度に世界への影響力を増大させた。二〇世紀を通じての長年の宿敵＝社会主義・ソ連が崩壊した後は、唯一の超大国の地位をほしいままにしている。

二〇〇三年三月一七日、アゾレス諸島の米空軍基地に集まったのは、この簡略な近現代史に見られるような膨張主義的な行動によって、近代以降の世界史の各段階を特徴づけてきた新旧植民地主義帝国三か国の首脳であった。三日後の三月二〇日、米英軍はそれぞれ、ブッシュとブレアの指令によってイラクに対する爆撃を、次いで地上作戦を開始した。後発の、アジア太平洋規模の帝国＝日本の首相は、同日夕刻、世界各国に先駆けていち早く、米国大統領の宣戦布告を支持した。直接的な名指しはしなかったが、明らかに北朝鮮の存在を意識して、「日本に迫る脅威」に対抗するためには同盟国としての米国の存在が抑止力になるという「論理」に依拠してである。

これが、「ポスト・コロニアル（植民地後）」という用語が飛びかい、「植民地支配はすでに過去の物語」という発言が当たり前のようになされている現代に起きている現実である。私はこれから「北朝鮮による日本人拉致問題」に関して、いままで書いてきたよりも少し詳しく論じようと思う。そこでは、拉致問題は固有の問題として解明と責任追及がなされなければならないという立場に立つ。同時に、「他者に突きつける要求は、自らにも突きつけるべきである」という、当然の論理に従って、植民地支配と侵略戦争の問題をいまの段階でどう捉《とら》えるかが、避けて通るわけにはいかない現在の課題として浮上してくるだろう。

私たちは、二〇〇三年三月から四月にかけて、自らが保有する大量破壊兵器は不問に付したまま、他国が保有しているかもしれない同種の兵器のみを問題だとし、これを廃棄せよと迫る国がある現実を知った。その超大国は、他国に当該兵器の保有を断念させるという理由づけで、超近代的な破壊兵器でその国を爆撃し多数の死者と負傷者を生み出した挙げ句、「勝利」を謳歌《おうか》している。反戦行動に立ち上がった世界中の人びとは、大量破壊兵器なるものはもちろん通常兵器を保有するすべての国々が、ひとつの例外もなく、その廃絶のために協力し、その廃棄を義務としたならば、今回の戦争は避けることができたことを知っている。そして、その精神の延長上でなら、すべての戦争をすら。

他者に突きつけるのと同じ基準を自らに適用しようとせずに、既得権は手放すまいとする強者が傲《ごう》慢《まん》にふるまうときに、世界は悲劇的な軋《きし》みを立てる。イラク攻撃をめぐって、世界の多くの民衆からはもちろん各国政府レベルにおいても孤立したアメリカ・イギリス・スペインの新旧植民地主義帝国三か国の、傲慢きわまりないふるまいと、イラク民衆をなぶり殺しにする戦争を、ためらいも苦しみもなく支持する日本政府の態度を見て、私は、いままで書き進めてきた以下のノートが、願わくば「批判の武器」となることを願う。

＊

二〇〇二年九月一七日の日朝平壌宣言以降二か月のうちに、私は、いわゆる北朝鮮特務機関による日本人の「拉致《らち》問題」について、差し当たって考えるべきと思う点について、ふたつの小さな文章と長めの文章をひとつ書いた。それが、本書第二章に収めたⅠ・Ⅱ・Ⅲの文章である。その後五人の拉致被害者の方たちが帰国し、マスメディアを通して、量としては異常なまでにたくさんの報道がなされるのを見ながら、問題の本質に迫る発言がもっと出てこなければだめだ、と思うようになった。そこで、以下のノートを書く準備を始めた。さまざまな事情から、一気に長い文章を書く時間をとることができないので、課題ごとに日録風に書きすすめるという方法をとっていた。その間にもいくつかの媒体に小さな文章を書き続けた。それが、第二章である。

第一章は書き下ろし、第二章の文章はいま説明した経緯で、二〇〇二年九月一七日以後の八か月間に書いたもの、第三章の文章は、今回「拉致問題」が社会化される以前に「北朝鮮という存在」について折に触れて書いたものをまとめてある。〔本書「はしがき」で記したように、二〇〇八年刊の文庫本以降は初版本の「第三章」は削除し、新たな編集に変えている。〕

1、問題はどこにあるのか

北朝鮮特務機関による日本人「拉致」事件が、それ自体解決されなければならないことは、私の考えの前提にある。しかるべき責任者（その最高の地位にいるのは、この国の支配構造からいって、総書記を名乗る金正日以外の者ではあり得ないだろう）が、経緯をあますところなく説明し、責任者を特定し審判し処罰する、そして被害者と家族に補償する——これは、朝鮮民主主義人民共和国の政府がなすべきことがらである。

ところで、私自身は「拉致」の被害者でも、その家族でも、親密な友人でもない。直接的な被害者ではないことによって、冷静に、歴史的に、事態を捉えることができる立場にいる。しかし、この問題が明らかになって以降、日本の社会には、まるで一億数千万人が総被害者であるかのような演出を仕掛けている者がいる。冷静さを失い、ひたすら相手をなじり、貶《おとし》め、嘲笑《ちようしよう》する。経済的・政治的な、さらには軍事的な強硬策を取れ、と主張する。日本天皇制に酷似した金日成《キムイルソン》＝金正日親子世襲《せしゆう》体制下の用語である「将軍様」にまつわる現象をさんざんあざ笑った直後に、言葉遣いも同じく「雅子様」や「愛子様」の映像に移行するテレビのモーニング・ショーがどれほどあったことか！

私がこのノートで心がけるのは、この倒錯した状況それ自体に対する（自己批判を含めた）批判作業であり、このような貧しい社会・思想的な状況からでも、未来へ向かう希望のひとかけらなりとも見出そうとする作業である。

＊

一九四五年八月一五日、日本はアジア太平洋戦争で敗北した。

それは、単に具体的な戦闘行為を伴った一五年戦争の終わりではなかった。一八六八年の明治維新以降八〇年近くをかけて築かれてきた、「ヨーロッパの侵略に抗する」という口実の下でアジア侵略をあえて行なった近代日本の政治・社会・経済・軍事・思想のあり方総体が敗北したのであった。敗北の事実を認め、根本的な反省に基づいて再出発すること——そのためには、自らの手でアジア侵略の罪業を究明し責任者を処罰するとともに、その過程で植民地化し、あるいは軍事的に侵略して日本軍による軍事統治下においた諸地域・諸国家に対する謝罪と、賠償という形での戦後補償を行ない、正常な外交関係を樹立することが、戦後日本社会の、緊急の課題となるべきはずであった。しかし、課題は先送りされた。

一九五一年九月、六年前の敗戦国＝日本は、勝戦国＝アメリカの軍占領支配を脱して独立した。だが、締結されたサンフランシスコ講和条約（対日平和条約）は、戦後処理の名の下で、実際にはアメリカの同盟国としての出発を急いだものであった。日本にとって「戦後処理」をもっとも必要とされるふたつの地域には、撤退した旧宗主国・日本に代わって第二次世界大戦の終了後に立ち現われた米ソの東西冷戦構造によって分断がもたらされ、朝鮮民主主義人民共和国と大韓民国、中華人民共和国と中華民国という、それぞれふたつの政権（体制）が成立していた。その四か国のいずれも講和会議に招請されていなかった。日本の戦後史は、いくつものいびつな形を伴って開始されるが、「戦後処理」がもっとも迅速に行なわれるべきこれらの国々との賠償案件が未処理のままに講和が行なわれたことは、今日にまでその影響力を及ぼす大きな過ちであった。

*

一八九五年日本が日清戦争後に植民地化した中華民国（台湾）との間では、一九五二年日華平和条約を結んだ。敗戦後七年目であった。中華民国は「自発的に」賠償請求権を放棄した。

一九一〇年日本が植民地化した大韓帝国は、戦後過程で南北に分断された。そのこと自体に責任をもつ日本は、一九六五年、片方の韓国政府を「朝鮮にある唯一の合法的な政府」と認め、日韓基本条約を結んだ。敗戦後二〇年目だった。日本が「経済協力」を行なうことで、韓国は請求権を放棄した。

一九三一年をもって日本が軍事的に侵略し始めた中華人民共和国（中国）との間では、敗戦後二七年目の一九七二年に日中共同声明の発表が行なわれた。「戦争の反省・復交三原則」で「日本側は、過去において日本国が戦争を通じて中国国民に重大な損害を与えたことについての責任を痛感し、深く反省する」とした。さらに敗戦後三三年目の一九七八年に日中平和友好条約を結んだ。中国はいっさいの賠償請求権を放棄した。

朝鮮の、分断されたいまひとつの当事国、朝鮮民主主義人民共和国（北朝鮮）との間では、敗戦後五七年目の二〇〇二年九月一七日になって、国交正常化を期する平壌宣言が発表された。そこでは、植民地支配に関する日本側の反省と謝罪の気持ちが表現されたが、敗戦後五八年を経たいまになっても（二〇〇三年五月現在）、国交正常化には至っていない。日本人が有する旅券には長いあいだ「本旅券は、朝鮮民主主義人民共和国以外のすべての国に通用する」と書かれたままだった。

個人的な歴史にあえて触れると、アジア太平洋戦争の末期（一九四三年末）に生まれた私からすれば、六〇年の戦後史はほぼ自分の実人生の長さに相当する。その歳月の間に、かつての宗主国（日本）と、かつての被植民地国（朝鮮民主主義人民共和国）の間に、未だ国交正常化が果たされておらず、民衆間の交流が自由にできない現状は、とりわけ異様に思える。そして、この時代を生きてきた者としての責任を痛感する。以下に続く文章において、私は、植民地支配という「過去」をめぐって繰り広げられてきた思想・運動状況に関して、時に批判的なふりかえり方をするだろう。それは、後《あと》知恵ではない形で、個別具体的なその状況の中にもし自分が生きていたと仮定してなお言えることは何か、という自制のこころを自らに課したうえで、行なおうと思う。

2、誰を媒介者に問題を考えるか

ある人物が一九七一年に刊行された書物の中で、次のように語っている。仮に、その人物の名を、「A」とする。〔〔 〕内は、引用者による要約・補注である。〕

「〔日本が朝鮮を植民地化する〕過程で、どれくらいの朝鮮人が、朝鮮において、日本において傷つき死んでいったことか。広く知られているように、一九二三年九月の関東大震災の際、日ごろ朝鮮人を抑圧・迫害してきた支配者が、当然報復はまぬがれないと恐怖し、一方、日本人一般のなかにある朝鮮人に対する偏見・蔑視《べっし》（排外主義）を巧みに利用して大量のデマを流し、日本人の関心を朝鮮人に向け、六千余名の朝鮮人を殺戮したのであった。そして起こりうるであろうと思われた民衆の政府批判を、未然に防ぐ有力な手段として使ったのであった。そうであったが故に、これほどの大規模な殺人をやりながら、殺人を犯した日本人はだれ一人実刑に服していないのである。日本人が朝鮮人を殺害しても処罰の対象にならず、朝鮮人が日本人を傷つけたなら、死刑にもなりかねない。日本人は、このような近代を、とっくの昔に清算したかのような顔をして、ベトナムにおけるアメリカのソンミの虐殺事件にまゆをしかめ、ソンミ虐殺事件の現場指揮者のカリー中尉の、人間を「物」として「処理」をした、という発言にとやかくいっている。［わたしはすでに日本人のなかに抜きがたく巣食う「無知・エゴイズム・排外主義」など「侵略の尖兵《せんぺい》」としての意識を指摘したが、こうした］現実をもちながら、本当に、他人の行為にまゆをしかめることができるのだろうか。」

またある人物は二〇〇二年に刊行された書物の中で、こう語っている。仮に、その人物の名を、「A′」としてみる。

「［…］日本でいう主たる「人権」問題のひとつが在日韓国・朝鮮人差別問題である。そして在日韓国・朝鮮人差別といえば、当事者の体験が絶対であるかのごとく位置づけられ、各級の行政機関では競うようにしてかれらの話を聞く関連講座がもうけられていった。／いまや在日韓国・朝鮮人にたいする差別などほとんどなくなっているのに、これを再検討しようという声はあがってこない。つまりお上《かみ》が決めたこと、多くの人が口にしていることを相対化して批判しえない。これはきわめて危険な全体主義的傾向であり、日本人のもうひとつの弱点ではないか。」

「［植民地支配と侵略行為をアジア諸国の人々に詫《わ》びるとした］「村山談話」の決定的な誤りは、百年ほど前の植民地支配という政治的事件を「国策の誤り」と一刀両断しているところだ。／一九一〇（明治四十三）年、わが国が大韓帝国を併合したとき、こんな認識をもっていた日本国民はいないだろう。するとこの「村山談話」は、一九九五年当時の価値観で歴史を評価し、謝罪していることになる。こんなことが容認されるのなら、百年、三百年、五百年、千年の過去にさかのぼり、ある政治的事件をこんにちの価値観でとらえて問題にすることが可能になる。[…]／植民地支配が「悪」であったなどといって「謝罪」している国は世界中で日本しかない。」

前者を書いたのは、佐藤勝巳《さとうかつみ》・梶村秀樹《かじむらひでき》・桜井浩《さくらいひろし》（共著）『朝鮮統一への胎動』（「叢書　現代のアジア・アフリカ　4」三省堂、一九七一年）における佐藤勝巳である（同書五三～五四頁）。後者を書いたのは、『日本外交はなぜ朝鮮半島に弱いのか』（草思社、二〇〇二年）における佐藤勝巳である（七七～七八頁、一六二～一六三頁）。すなわち、AとA′は、ほぼ三〇年の歳月を隔てて同一人物が書いたものである。私は、前者を、当時におけるしごくまっとうな歴史意識を表わした発言と思い、後者は、現代における最悪の歴史的歪曲《わいきょく》に満ちた考えのひとつだと考えている。

しかし、ここでの主な目的は、佐藤の「転向」を批判することにはない。私は、思想の科学研究会による『共同研究　転向』全三巻（平凡社、一九五九～六二年）の上巻「序言」において鶴見俊輔《つるみしゅんすけ》が述べた、「一般的なカテゴリーとしての転向そのものが悪であるとは考えない。むしろ、転向の仕方、その個々の例における個性的な展開の中に、より善い方向、より悪い方向が選ばれるものと考える。したがって、転向をきっかけとして、重大な問題が提出され、新しい思想の分野がひらけることも多くあると考える。もともと、転向問題に直面しない思想というのは、子供の思想、親がかりの学生の思想なのであって、いわばタタミの上でする水泳にすぎない」（同書三頁）という捉え方と、考えを同じくする。

佐藤の転向から「新しい思想の分野がひらける」ものかどうかはわからない。だが、総体的に見て、過去と現在の間に果てしない断絶が広がり、認識上の継続性を欠いているのが、現在という時代の特徴である。佐藤は現在の役職である「現代コリア研究所」の所長および「北朝鮮に拉致された日本人を救出する全国協議会」(通称「救う会」)会長としてのみ見なされている。そのような存在＝A′としての佐藤は、私から見ても、救いがたい、排外主義的な日本ナショナリストのふるまいをしている。そして、三〇年前のA＝佐藤の発言を知る者は(若い世代にはとりわけ)少ない。したがって、ひとによっては「[…]佐藤勝巳はもともとは北朝鮮シンパで、在日朝鮮人の北朝鮮への帰国運動にも協力していた人物なんだが、何があったのか80年代はじめに反北朝鮮に転向。以来、佐藤率いる現代コリアもひたすら近親憎悪的に「北朝鮮の脅威」「独裁体制打倒」を叫び続けているんだけど、その中身というのがメチャクチャなんだ」などというように、もっとも重要な過程を問わないまま「転向」のみを問題にするという低レベルの揚げ足取りに終始することになる(『噂の眞相』二〇〇二年一二月号掲載、北朝鮮ウォッチャー匿名座談会「国家総動員フィーバーと迷走が続く北朝鮮拉致報道の舞台裏を徹底検証」における匿名者＝Dの発言)。

現在、佐藤が行なう発言の「中身というのがメチャクチャ」なことは、すでに触れたように私にとっても自明のことだ。ごく最近には、佐藤は次のような発言までもしている。「向こう［北朝鮮政府］は制裁を宣戦布告とみなし、ミサイルを撃ち込むということに必ずなる。「日米安保条約を発動し対応する」と首相は答えるべきだ。戦争を恐れてはならない。長期的には我が国が核ミサイルを持つこと。要するに、核に対する防御には相互抑止力しかない」(二〇〇三年二月一八日、「北朝鮮に拉致された日本人を救出する地方議員の会」主催の集会における発言。於東京都議会。引用は二月一九日付『朝日新聞』記事による)。

一九二九年生まれの佐藤が、戦時下に「軍国少年」であったかどうかは知らない。しかし、戦争がどのようなものであるかを判断できる年齢ではあっただろう。今になって、このような「軍国老人」的な虚勢を張るとは、批判するのも虚しく徒労でしかないような水準の議論だと思える。だが、(思考転換する)佐藤に「何があったのか」は、軽視してよいことではない。佐藤は、AからA′に転換するに当たって、ふたつの本で自らの試行錯誤の過程を明らかにしている。AからA′への過渡期には『わが体験的朝鮮問題』(東洋経済新報社、一九七八年)を著し、A′の立場に限りなく近づいてからは『在日韓国・朝鮮人に問う　緊張から和解への構想』(亜紀書房、一九九一年)を著している。私の考えでは、冒頭で触れた『朝鮮統一への胎動』における佐藤の執筆分担とこの二著を媒介にすると、佐藤勝巳個人ばかりではなく日本(人)と朝鮮(人)の関わりをめぐって、いくつかの重要な問題を取り出すことができる。「佐藤勝巳」はひとりではない。私たちの戦後史の中には、無数の「佐藤勝巳」がいる。一九五〇年代から六〇年代初頭までの反基地・反安保闘争のオピニオン・リーダーであり、とくに六〇年安保闘争では全学連の行動方針に心情的に同伴した社会学者＝清水《しみず》幾太郎《いくたろう》が、七〇年代を迎えたころには日本核武装論者になっていたなど、はるかにスケールの大きな「佐藤勝巳」もすでに存在していた。私たちの世代の、苦い青春の思い出である。だから、このノートは、「佐藤勝巳」批判のためというよりも、私たち自身をふりかえるためのものである。彼を無視することはよくないが、誇大視しているわけでもない。

＊

私はかつて、漫画家・小林よしのりには何らの関心ももたず、その作品もまったく知らなかった。だが、従軍慰安婦問題をめぐって小林がでたらめ極まりない内容の漫画を描き始めたころ、この男はいったいどんな漫画を描いてきたのだろうと思って、過去の作品をいくつか眺めてみた。絵柄は嫌いで不快感しかおぼえず、たいがいの吹き出しの台詞《せりふ》にも、物語の展開の仕方にも感心しなかったから、眺めること自体が苦痛だった。しかし、「ゴーマニズム宣言」に限ってみても、部落解放同盟書記長（当時）＝組坂繁之《くみさかしげゆき》との対談を含む『ゴーマニズム宣言差別論スペシャル』（解放出版社、一九九五年）や一連の「薬害エイズ関連の作品」を眺めて、小林がある避けがたい根拠をもって、進歩派や左翼の弱点に対する問題提起と批判を行なっており、そこには汲み取るべき点があることに気づいた。もちろん、小林の作品がもつ思想内容に対する批判を差し控えることはないが、いたずらに食わず嫌いのまま無視したり軽視したりしたまま、イデオロギー的批判に終始するべきではないというのが、私の考えである。

佐藤勝巳に対しても、私は同じ立場で考える。現在は国家としての日本をすべて善と見なして、犯罪的な対北朝鮮政策の扇動をする佐藤だが、そのひどさを批判するあまり、一九七〇〜八〇年代の思考転換期における彼の試行錯誤に孕《はら》まれている問題のありかまでをも洗い流してしまうべきではない。当時の佐藤は、ある切実さをもって、いまなお私たちが考えるべき問題群を提示していたと思える。現在の立場まで行き着いてしまったのは、彼自身の責任でしかないだろうが、「転換」の過程で彼が直面し考え苦しんだ問題を、左翼・市民派は往々にして等閑視《とうかんし》してきているということは、否めないことだと思える。だから、この文章では、佐藤がいくつかの著書で触れている「日本（人）・朝鮮（人）間」に関わる問題項目のうち、本書の意図から見て重要だと思われる事項を取り出して、考えをすすめていくことにしたい。

3、帰国事業が孕む歴史的射程

拉致問題が語られるときによく言及されるもののひとつが、「帰国事業」である。「帰国事業」とは、一九四五年の植民地解放後もさまざまな理由によって日本で生活していた在日朝鮮人が、分断された片方の北朝鮮へ帰国した組織的な取り組みを指している。もちろん、分断状況はすみやかに終わり、南北統一の時期が遠くはないと人びとは確信していた。日本社会における民族差別の現実に直面していた在日朝鮮人が、「地上の楽園」と宣伝され始めた北朝鮮における社会主義建設に参加しようとするこの事業は、一九五九年に始まった。以後一九八四年までの間に、九万九三三九人の人びとが帰国した（この数字は、張明秀《チャンミョンス》『謀略・日本赤十字北朝鮮「帰国事業」の深層』五月書房、二〇〇三年、による）。

「悔悟」の根拠

佐藤勝巳の思想転換を促したのは、ひとつには、一九五六年以来加わっていた日本共産党員としての活動のなかで、中央指導部の指示待ちでしか発言できない地方幹部への不信が積み重なり、党の組織原則としての「民主集中性」への疑問がわいてきたことにあった（前出『わが体験的朝鮮問題』Ｉの

1)。佐藤の場合に限らず、ありふれた物語なので、これは事実を述べるにとどめよう。いまひとつが、日朝協会新潟支部の専従事務局長として、在日朝鮮人の帰国事業へ関わったことへの「悔悟《かいご》」であったことは、佐藤自身が繰り返し触れていることである。一九五九年当時の在日朝鮮人がおかれていた状況を考えて、佐藤は、希望者が「楽園」北朝鮮に帰国する事業に、日本人の立場から関わった。よかれと思ってなしたことが、思いもよらぬ結果への加担行為であったと気づいたときの気持ちを、彼は次のように語っている〔**引用文中のルビで〔 〕内は、原文に付されていないものを補ったものである。以下同—編集部**〕。

「私と朝鮮問題のかかわりは、在日朝鮮人の北朝鮮への帰国運動からはじまり、すでに半世紀をこえた。／一九五九(昭和三十四年)年十二月末、帰国第一船が、みぞれ降る新潟港から清津《チョンジン》港をめざし出港した。ブラスバンドが、「金日成将軍の歌」を熱狂的に奏でた。／見送りの人たちの「マンセー(万歳)、マンセー」の歓呼のなか、船は乱れるテープを静かに切って、音もなく桟橋〔さんばし〕を離れていった。その光景をいまも私は忘れることができない。私は、在日朝鮮人がめざす北朝鮮に幸せが待っていると、帰国者と同じく信じて疑わなかった共産主義者の一人であった。／一所懸命に、北朝鮮の「素晴らしさ」を宣伝した。しかし、具体的な運動に関わっていくなかで不可解なことがつづいた。／[…] 北朝鮮はおよそ宣伝されていた「天国」とは正反対の「地獄」らしいということが帰国者の手紙などを通じてわかってきた。[…] ／よかれと思ってやったことが、人を不幸に陥れたのだ。「地獄」を「天国」と宣伝したことは、詐欺以外のなにもの

> でもない。［…］／「なぜ間違いをしてしまったのか」と私は考えつづけた。共産主義思想に冒され、物ごとをありのままに見ることができなかったことのひと言につきる。」（前出『日本外交はなぜ朝鮮半島に弱いのか』一八八〜一八九頁「あとがき」）

「あふれ出る「日本人の物語」の陰で、誰が、どのように排除されてゆくのか」〔本書第二章Ⅲ〕で私は、事後的に書かれた関貴星《せきたかし》と寺尾五郎《てらおごろう》の旅行記を通してのみ一九五九年に始まる在日朝鮮人の北朝鮮への帰還問題について触れた。一九五九年、私は北海道釧路市に住む高校生で、当時の私の周囲には在日朝鮮人の友人・知人がひとりもいなかった。テレビ放送が始まって六年目に入っていたが、地方都市でテレビを持つ家庭はごく限られており、私の家にはなかった。だから、佐藤が描いた新潟埠頭《ふとう》における帰国船の熱気あふれる見送り風景が目に焼き付けられる機会もなかったから、帰国事業なるものは現実的な手応《てごた》えのある記憶として残ってはいない。わずかに、後に観た映画『キューポラのある街』（浦山桐郎《うらやまきりお》監督、吉永小百合《よしながさゆり》主演、一九六二年）で描かれたエピソードとして、遠い記憶にのこる程度のことである。したがって、事後的に見えてきた諸々の事実に基づいて考えると、実際に帰国事業に参画した佐藤が後年述懐するところと、（当時の主体の位置が違うにもかかわらず）さほど遠くない感慨をもってしまうことになる。

しかし、事後的なこの視点だけでは、帰国事業に孕まれていた問題のありかを捉えることにはならない。この事業に数多くの在日朝鮮人が託した「夢」の内実と、日本社会が総体としてこの問題にどう対したかというふたつの視点から、この問題を回顧しておかなければならない。佐藤勝巳の「悔悟」の情が、なぜ生まれたのかも、そこで客観化されるだろう。同時にその「悔悟」の情がいまやひたすら金日成―金正日指導部への「憎悪」へと凝り固まるばかりで、日本―朝鮮の歴史的関係をまったく考慮しなくなったことのおかしさも明らかになるだろう。

一九四五年八月一五日直後

一九四五年八月一五日（日本の敗戦の日）の時点で日本には二〇〇万〜二四〇万人の朝鮮人が在留していたと言われる。内務省警保局の一九四五年段階の統計によれば一九二万人程度になるが、高《たか》木武三郎《ぎぶさぶろう》が『帰還問題覚え書』（東洋館出版社、一九七〇年）で言うように、未登録者の存在が想定されるに加えて、戦争中に召集された軍人軍属の朝鮮人が陸海軍合わせて三六万五二六三人もおり、そのうちの相当数が負傷その他の理由で送還されあるいは復員していることから考えれば、右の数字が妥当性をもつと考えることができよう。

在日朝鮮人がなぜこのように形成されたのかという過程を考えることが、私たちにとっての出発点である。歴代の日本政府は、一九一〇年の日本と当時の大韓帝国の併合条約は合法的に結ばれたものであり、他の列強諸国の承認も受けているので、有効であるという立場を一貫して主張している。この主張は、それに先立つ時代の歴史過程を、簡略ながら年表風に示すことで覆すことができよう。朴《パク》慶植《キョンシク》『日本帝国主義の朝鮮支配』上・下（青木書店、一九七三年）、姜東鎮《カンドンジン》『韓国から見た日本近代史』上・下（青木書店、高崎宗司《たかさきそうじ》訳、一九八七年）など多数の書物を参照した。

一八七五年　日本軍艦雲揚号、釜山《プサン》港を経て、ソウルの玄関口の江華島《カンファド》に接近、軍事力を背景に、日朝修好条規（江華条約）調印。朝鮮は、日本から物品を輸入しても関税を取ることができず、日本人が起こした事件の裁判官は日本人とする不平等条約だった。

一八九四年　朝鮮で世直しと外国軍隊の排除を要求して、平等思想をもつ宗教団体＝東学に率いられた農民戦争始まる（甲午農民戦争）。朝鮮政府、清国に出兵要請。日本政府、要請もないままに仁川《インチョン》に大軍を上陸させる。東学軍と朝鮮政府は和解して全州和約締結。朝鮮政府、清と日本に撤兵を要求するも、両国はこれに応じず、日本軍は王宮占領。朝鮮に対する主導権をめぐる日清戦争が朝鮮の国土を戦場にして始まる。東学の指導者、全琫準《チョンボンジュン》は日本軍に捕まり処刑される。

一八九五年　日本、日清戦争に勝利、日清講和条約を締結し、台湾を領有。朝鮮王妃＝閔妃《ミンピ》がロシアに接近したことを見て、日本公使＝三浦梧楼《みうらごろう》は壮士・軍隊を使って景福宮《キョンボックン》に侵入し、閔妃を殺害し遺体を焼却。

その後、反日義兵闘争が各地で続く。

一九〇四年　日露開戦必至と見て、大韓帝国皇帝＝高宗《コジョン》は中立声明。日本軍、それを無視してソウルに進軍、日韓議定書締結を強要（日本軍は韓国内で自由に軍事行動を行なうことができる。日本軍基地の設置を認める。外国との交渉には日本の許可を必要とするなど、韓国の主権を侵害する取り決め）。さらに数か月後には第一次日韓協約強要（韓国は日本政府が推薦する財政・外交顧問を任用。外国との条約締結・特権譲与については日本政府との事前協議が必要)。

一九〇五年　日本、日露戦争に勝利。伊藤博文《いとうひろぶみ》、韓国へ行き、日本軍で王宮を包囲。閣僚を一部屋に集めて、新たな協約の締結を迫る。反対の閣僚は別室に隔離しこれを実現。第二次日韓協約(韓国の外交権は日本外務省が掌握。日本政府代表=統監を「京城」におく)がこうして成る。各地で反日暴動起こる。

一九〇七年　大韓帝国皇帝がオランダ・ハーグで開かれる万国平和会議に密使を送り、日本の不当性を訴えようとした件で、初代統監=伊藤博文、皇帝の責任を追及し退位させる。第三次日韓協約と秘密覚書(韓国内政は統監の指揮下におき、日本人官吏を任命。大審院長・大審院検事総長・各部次官には日本人を起用。韓国軍隊の解散)調印。

一九〇九年　韓国人安重根《アンジュングン》、ハルビン駅頭で伊藤博文を射殺(安重根は獄中で『東洋平和論』を執筆してのち、一九一〇年三月に死刑を執行される)。

一九一〇年　「韓国併合に関する条約」を強制的に調印し、公布する。「天皇に直隷する」朝鮮総督下に朝鮮総督府をおく。

この年表に、

一八六九年　旧幕府軍が蝦夷《えぞ》全域を占領し、そこを日本国に属する北海道と改称して全面的に支配。

一八七九年　琉球処分により日本国に属するものとして沖縄県を設置。

の二項目を付け加えると、東アジア全域を視野におさめて対外的な進出を図る明治維新直後の日本国の動きが如実に見える。

短く見ても日清戦争に前後する時期以降の一五年をかけて着々と準備され、中間期には財政・外交の実権を韓国国家体制から奪い、果ては国軍の解散をすら強要してのちに実現したものは、聞き慣れない「併合」などという用語で言い表わされるものではなく、まぎれもなく「植民地化」であった。植民地化は、そこに生きる人びとの生活のあらゆる側面に変化を強いる、暴力的な過程である。歴史を偽造しようとする者たちは、たとえば「強制連行」の史実を否定し、朝鮮人は任意で日本へ来たなどと主張する。「強制連行」それ自体が、日本の重大な犯罪行為であったことはもちろんだが、それは植民地化に伴って起こった諸問題のひとつでしかない。植民地化の過程全体の中で、たとえば「土地調査事業」によって日本の国有地に編入されたり日本人地主の所有とされた土地で働いていた農民たちは、必然的に故郷を捨て、どこかへ流出しなければならなかった。朝鮮人労働者が日本へ来たのは、「募集」に応じてか「徴用」によってか――などという論点だけに巻き込まれてはならない。朝鮮人民衆に、故郷・家族・友人を捨てさせ、固有の名前と日常言語を変えさせ、人間存在としての関係性そのものを破壊する強制力を発揮し得た「植民地支配」そのものを問題とすること。これが、私たちにとっての、第一の基本的な論点である。

一九四五年八月当時の在日朝鮮人の数には、さらに、戦後史の過程で私たちの多くが長い間自覚することのなかった次の数字を付け加える必要がある。歴史家、朴慶植は言う。「東京、大阪、名古屋、神戸、広島など、各地で空襲にあった同胞は全国で約二三万九千余人に上り、死亡者も相当に多い。広島、長崎での原爆被害者は七万人といわれ、死亡者は四万人と推定されている」(『解放後在日朝鮮人運動史』三一書房、一九八九年、四四頁)。

敗戦直後の一九四五年九月初頭、日本政府は米占領軍の指示に基づいて、これらの朝鮮人の帰還事業に着手している。翌四六年三月末までに統計上の帰還者数は九一万四三五二人に上り、韓国側の統計から推測すると、正規外帰還者は四〇万人に及ぶというから、半年間のうちに一三〇万人以上の人びとが帰国していることになる。だが、いくつもの証言の書が伝えるように、日本政府は当時、中国、満州、朝鮮からの自国民の引揚げ事業には力を注いだが、集団「移入」労働者以外の朝鮮人の帰国問題に関して、当然にも取るべき責任ある対策を立てなかった。所持金は一人一〇〇〇円に制限され、米軍政府は一〇〇トン以上の船舶の航行を禁じた(物価変動の激しい時期だが、『昭和二万日の全記録』第七巻・第八巻(講談社、一九八九年)に基づいて、いくつかの数値をあげてみる。一九四六年三月、巡査初任給＝五〇〇円、メリヤス肌着上下＝一〇〇〇円。一九四七年五月、5球スーパーラジオ＝五六〇〇円、一般国家公務員月給＝一八〇〇円ベース。一人一〇〇〇円の所持金が、何を意味するかは明らかであろう)。在日朝鮮人は、なけなしの金をはたいて小型漁船を借りたり購入したりして、自力で玄界灘へ出て故国へと向かった。台風にあったり、触雷したりして、故郷へ帰り着くことなく海へ消えた人も少なからずいた。敗戦直後の日本政府は、解放された被植民地民衆に対してこのような処遇をしたこと。これが私たちが記憶すべき第二の論点である。

他方、植民地支配を脱して解放感にあふれていた在日朝鮮人たちは、八月一五日のうちに在日本朝鮮建国促進同盟が東京・日本橋区で結成されたのを先駆けとして、民族的権利を要求するための団体を地域ごとに次々と結成した。それが全国組織となったのが、同年一〇月に結成された在日本朝鮮人連盟（朝連）である。だが、ここでもGHQ（総司令部）の指示の下で、日本政府はこれらの権利回復の動きを牽制《けんせい》し、抑止しようとする政策を続々と打ち出してくる。それをふたたび年表風に整理してみる。

一九四八年　朝鮮人学校の閉鎖令
一九四九年　朝鮮民主主義人民共和国の成立に伴い、朝連関連団体が国旗掲揚を行なうことの禁止令
　　　　　　団体等規制令により朝連など四団体に解散命令
一九五〇年　外国人登録証の常時携帯義務、切替制度導入
　　　　　　大村収容所開設（朝鮮戦争の戦火を逃れてきた避難民は強制収容された）
一九五二年　サンフランシスコ平和条約の発効に伴い、在日朝鮮人は日本国籍を離脱
　　　　　　第一次日韓会談開始
一九五八年　大村収容所、韓国へ第一次強制送還（のち六〇年代には軍事政権下の難民を収容、送還した）

このような項目が並んだ直後に、次の項目がくる。

一九五九年　赤十字と人道を掲げて「帰還に関する日朝協定」調印

日本政府が、植民地支配から解放された民衆が民族的な諸権利を求めて行なう活動を妨害する一方、「人道」の名の下に北朝鮮への帰国事業を積極的に認めるに至った経緯を、日本赤十字社の文書は明《あ》け透《す》けに語っている。

「即ち、日本政府は、はつきり《〔ママ〕》云えば、厄介な朝鮮人を日本から一掃することに利益を持つ。もしポーランド政府が東プロイセンから一切のドイツ人を追い払つて《〔ママ〕》しまつた《〔ママ〕》ように、日本政府が第二次大戦後の領土変更に関する新らしい国際慣例に従い、日本に居る朝鮮人を全部朝鮮に強制送還できたならば（中立系の人々はそれを恐れている）、日本の人口過剰の点からみて利益があるかどうかは暫く別とし、将来長い眼で見た場合、日本と朝鮮との間に起り得べき紛争の種子を予め除去したことになり、日本としては理想的なのである。」（日本赤十字社『在日朝鮮人帰国問題の真相』、一九五六年九月二日稿訂再版、九〜一〇頁〔金英達《キムヨンダル》・高柳俊男《たかやなぎとしお》編『北朝鮮帰国事業関係資料集』新幹社、一九九五年七月、一九〜二〇頁から引用〕）

また、帰国問題がメディアの上でも連日のように取り上げられるようになるのは一九五九年一月ごろからだが、たとえば『毎日新聞』は一九五九年一月三一日付朝刊で次のように報じている。

「藤山《ふじやま》［愛一郎《あいいちろう》］外相が岸《きし》［信介《のぶすけ》］首相の同意を得て、北鮮《〔ママ〕》系朝鮮人の帰国実現にふみきることになった理由は／（1）帰国をさまたげることは人道上できないし、法的根拠もない（2）各地の自治体から帰国を促進する希望が高まっており、治安当局も負担が軽減するとして歓迎している（3）在日朝鮮人は約六十万人で、うち北鮮《〔ママ〕》系は二十万人と推定されているが、生活困窮者が多く、生活保護のため年間約二十億円も財政支出をしている状態なので日本としてはプラスが多い（4）日韓会談への影響が予想されるが、かりに帰国を実施しないでも、韓国側が李ラインの撤廃を認めるというような保証はないし日韓問題が好転する見通しはない（5）帰国を認めても北鮮《〔ママ〕》政府を承認することにはならない／などである。」

右の記事が（3）で述べている生活保護問題は、当時の新聞各紙が繰り返し触れていることである。日本人の被保護率が二パーセント程度なのに在日朝鮮人の場合は二四パーセントに上るとか、この異常な状態は世論の激しい非難を浴びているとか、在日朝鮮人は厚遇されているとかの表現が随所に見られる。日本社会における民族差別の結果、当時の在日朝鮮人の失業・半失業率が八〇パーセントにも上る事実に触れないまま右のように述べることに、いかなる問題が孕まれているかは、現在の私たちの目には明らかであろう。

また同年二月五日付『朝日新聞』には、在日韓国人弁護士、権逸《クオンイル》の投書が載っているが、そこで「日本政府は在日朝鮮人の総追出しの突破口を北鮮《〔ママ〕》帰国に求めている」という疑惑と不安が在日朝鮮人社会にあふれていることに触れている。

以上が、北朝鮮への帰還事業が開始されるころの、日本社会の状況だった。生きづらさを感じていた多数の在日朝鮮人が、大宣伝され始めた北朝鮮の躍進ぶりにこころを動かし、在日朝鮮人の九三パーセントが朝鮮半島南半部の出身者であるにもかかわらず、近い将来故国が統一されることを夢見て、北半部への帰国の道を選んだこと。その切羽詰まった気持ちを、当時の日本の社会状況と切り離して捉えないことが、私たちには重要なことだと思える。

ある国家の「国民であること」に自己閉鎖的な意義づけをもちたがる社会では、外国人に対して思いもかけない冷酷な言葉が浴びせられることがある。在日朝鮮人に対して「そんなに日本がいやなら、帰れ」という言葉が、いまなお、陰に陽に投げつけられることは、よく知られている。だが、日常生活の何たるかを知っている者なら誰だって思いつくだろう、いかに自己の意志とは関わりのない、不本意な形で、ある土地に住むことになったとしても、そこでの生活が長年にわたり、生活基盤が確立し、とりわけそこで配偶者を得た場合には、帰るべき故郷を失うことを。

在日朝鮮人には、日本に留まらざるを得なかった、さらにいくつもの要素がある。すでに述べたように、帰国持参金は一〇〇〇円以内に制限されていた。たとえ帰国を希望したとしても、帰国後の経済生活への不安が、帰国願望にブレーキをかけたことは十分に想像できることである。

さらにいくつかの理由を、西成田《にしなりた》豊《ゆたか》『在日朝鮮人の「世界」と「帝国」国家』（東京大学出版会、一九九七年）に基づいて挙げてみる。

㈠「朝鮮は本当に独立できるのか、結局ソ連とアメリカの支配下に置かれるのではないかという不安と不信」をもたざるを得なかったこと。

㈡「「帝国」国家による同化政策、「帝国臣民」意識の呪縛から解放されていない」ことによって、「皇国民トシテノ自覚ト誇リ」から日本を捨てることなど考えもしなかった者もいたこと。

㈢それまで働いてきたことに関して「正当な賃金の支払いをもとめて経営側と交渉するために帰国しない」道を選んだ者もいたこと（以上、同書三三二〜三三四頁）。

北朝鮮への帰国者にせよ、日本残留者にせよ、それぞれの選択の理由を、当時の主体状況と客観状況の中で捉える努力を、私たちは惜しむべきではない。

北部社会主義の栄光・南部軍事独裁の暗黒

一九五九年二月三日付の『朝日新聞』には、日朝協会理事長・畑中政春《はたなかまさはる》が「平壌から帰って」と題する原稿を寄せている。ソ連、北朝鮮を順次歴訪するという、いかにもこの時代の社会主義国シンパらしい旅を続けていた畑中は書いている。「［工場、協同組合、金日成など、どこへ行き、誰に会っても］いちばんつよく印象づけられたことは、在日朝鮮人の帰国問題がまず話題となるということだ。在日同胞はいつ帰ってくるか、何がいったい障害になっているかということを問いつめられる。北鮮〔ママ〕では政府も、労働党も、まさに全国家的問題として、真剣にこの問題ととり組んでいる。帰国してくる朝鮮人をうけいれるために、それぞれの工場や農業協同組合に受けいれる人数がすでに割当てられている。わたしはそれを現場に行ってたしかめた」。畑中はまた、会見した金日成が語った言葉を紹介している。「朝鮮人が帰国すれば、日本人民の利益にもなるではないか。日本人民の負担が大きいから

だ」（「金日成元帥との二時間　待ちわびる同胞の帰国」『週刊朝日』一九五九年二月一五日号、二〇頁）

前年、川崎市に住む在日朝鮮人が金日成に手紙を送り、差別と貧困に喘《あえ》ぐ日本での生活を切り上げて、北朝鮮に帰り、朝鮮戦争が終わってまだ六年しか経たない段階での戦後復興事業と社会主義建設に参加したいと訴え、金日成が「歓迎する」と返事したことは、有名なエピソードである。畑中の文章は、この直後の時期における北朝鮮の反応に触れているのだと言える。つまり、畑中は帰国事業が実施される直前に北朝鮮への旅を行なったのだが、右の文章が、彼が見るべきものを見損なっていたことを示しているのかどうかはわからない。

当時の世界的な状況もふりかえっておく必要がある。一九五九年一〇月、ソ連の惑星間宇宙ステーションが月の裏側を写真撮影することに成功した。その時の高揚した気持ちを、歴史家・李進熙《リジンヒ》は書き残している。李進熙は後年の広開土王陵碑《こうかいどおうりようひ》の研究で忘れがたい記憶を私たちに残すことになる人物である。

「［北朝鮮への帰還に反対する］民団系の青年たちが鉄道線路に座り込む事件もあったが、帰国者を［新潟に］迎えに来た李一卿団長の岸壁でのあいさつが印象的だった。「人工衛星が地球をまわっている時代に、鉄道の枕木に首を列《なら》べるとは何たる愚かなことか！」。／［…］その頃《ころ》の私は、社会主義は人びとの創意性を最大限に発揮させる体制で、やがてユートピアの社会が到来するものと信じて疑わなかった。人工衛星は、人間が地球から宇宙空間にまで偉大な可能性を拓くことを象徴するもので、社会主義国を代表するソ連が人類史上はじめて、それを示してくれたのである。底抜けに明るい雰囲気が在日朝鮮人の若者の間にみなぎり、六一年末までの二年間に在日朝鮮人の一割を超える七万一〇〇〇人が新潟港を発っていった。」（李進熙『海峡　ある在日史学者の半生』青丘文化社、二〇〇〇年、七三頁）

このあと、李進熙は、翌年（一九六〇年）の韓国における李承晩《イスンマン》独裁政権を打倒した四・一九学生革命に触れている。社会主義の「北」はあくまでも明るく、独裁下の「南」の韓国はどこまでも暗い。それが対照的に描き出されている。李進熙は当時、朝鮮高校の歴史科目の専任であり、朝鮮総連の方針の正しさを信じて疑わなかった。

李進熙が、想像もしなかった驚きに見舞われるのは、それから間もなくである。李進熙の義理の父こそ、来るべき『楽園の夢破れて』の著者、関貴星であった。帰国事業を積極的に支援した関貴星は、一九六〇年北朝鮮の「解放一五周年」の記念式典に招待された。ところが、夢と現実はあまりにもかけ離れていた。日本へ帰国した関貴星は、東京のホテルに娘夫婦を呼び寄せて、北朝鮮の実情を説明せずにはおられなかった。しかし、娘（呉文子）も、李進熙も、その話を信じることはできない。「生活物資が足りないことや人びとの旅行が制限されていることが事実だとしても、戦争が終わってまだ七年しか経っていないではないか、と義父に反論した。それに、彼らが日本に残ったとしても進学や就職の門はほとんど閉ざされているのだから、むしろ汗水流して社会主義祖国の建設に馳《は》せ参じるのが在日青年のあるべき姿ではないかと考えていたからである。議論は延々とつづいた」（李進熙、前掲書七六頁）。関貴星は、娘夫婦の心配をふりきって『楽園の夢破れて』を刊行する。しかも、反共出版社・全貌社から。李進熙は、総連中央のある男から、義父の「反民族的行為」を糾弾すべきだという「同志的忠告」を受けることになる。

娘の呉文子が、関貴星の北朝鮮指導部批判が正しかったことに気づくのは、一〇年に及ぶ断絶を経て後である。総連から「反動」の烙印《らくいん》を押され、「失われた理想に泣き、愚かな夢想家であった自分を笑い、聾《つんぼ》となり唖《おし》となって、社会から隠棲《いんせい》しようと思って」いた孤独な関貴星はやがて病いに倒れるが、その病床の父を見舞って後である（関貴星『楽園の夢破れて』新版、北朝鮮帰国者の生命と人権を守る会関西支部、発売亜紀書房、一九九七年、に収録された序文「お父さんごめんなさい」）。総連において金日成の「主体思想《チュチェ》」が唯一絶対化され、厳しい思想統制が始まるのは一九六〇年代半ばからだが、李進熙もそれとの間断なきたたかいを経て、一九七一年に朝鮮大学を去ってはじめて、一〇年前の義父の怒りと絶望を実感したのであった。「社会主義祖国も朝鮮総連も、その指導下にある朝鮮大学も巨大な虚像に包まれた閉鎖社会に陥っていた。社会主義を「解放思想」、人類を幸せに導く思想だと信じたのがそもそもの誤りだったのである」（前掲書一二九頁）

私は自分が居る場所からすれば、帰国事業については、当時の日本社会のあり方にこそ批判的に見るべき多くの問題点を感じる。帰国に夢を賭けた在日朝鮮人の、当時の社会状況の中での現実感《リアリティ》を、関貴星や李進熙などの著書を通して感じ取ったうえで、その先に生じてくる日本社会の問題を見つめたいと思うばかりである。

もちろん、これとは相対的に別途に、北朝鮮と在日朝鮮人の当事者および後代の人びとによって解明されるべき問題も残るだろう。金日成が発した帰国歓迎方針の裏に秘められていた意図や帰国者に対する処遇の実態についても、すでに数多くの推測や証言がなされている。朝鮮総連の帰国事業実務担当者としてこれに中心的に関わり、その後総連中央との対立が顕著になって一九八八年に脱退し「共和国帰国者問題対策協議会」を結成して、行方不明となっている帰国者問題を追及している張明秀の『裏切られた楽土』（講談社、一九九一年）は、裏面史を知る人の手に成るだけに、問題を考える糸口をさまざまに与えてくれる。北朝鮮指導部への憎悪がまさった感情的な言葉と罵倒《ばとう》の羅列に耐え忍ばなければならないとしても、張明秀にそのような言葉遣いをさせた責任の一端は、批判と問題提起にまったく応えようとしない総連幹部と北朝鮮指導部も負うべきものだと私には思える。張明秀はさらに『謀略・日本赤十字北朝鮮「帰国事業」の深層』（前出）において、日赤が「在日朝鮮人追放の罠《わな》」を仕掛け、この罠に金日成がかかったのが帰国事業の本質だとの見解を述べている。

いずれにせよ、帰国事業に関する再検討と批判（人によっては自己批判）を行なう人が、今後も朝鮮人の中からこそ現われなければ、真相が隈無く明らかにされることはないだろう。

孤独の作家の周辺

こうして、帰国事業をふりかえるとき、私の心に浮かぶひとりの作家のことに触れておきたい。金《キム》鶴泳《ハギョン》である。一九三八年、在日朝鮮人二世として前橋に生まれ、一九八五年に自死の道を選んだこの作家は、六〇年代後半から八〇年代前半にかけての文学世界に、忘れがたい光跡を残した。その作品の多くは、作家が実生活で苦しんだ〈吃音《きつおん》〉障害と〈父親〉の存在をテーマとしている。金鶴泳の文学論としては、竹田青嗣《たけだせいじ》の『〈在日〉という根拠　李恢成《イフェソン》・金石範《キムソクポム》・金鶴泳』（国文社、一九八三年）所収のものがすぐれていると思い、その視点から多くを学んだが、私がここで取り上げたいのは文学論的なレベルではなく、金鶴泳の作品のテーマに関わっている。金鶴泳の文学世界にあっては、最初の作品『凍える口』以来、〈民族〉に関わるモチーフも見え隠れする。だが、竹田が言うように、それは、前世代の在日朝鮮人作家たちと違って、第一義的な問題として立ちあらわれるわけではない。在日朝鮮人作家が〈民族〉というテーマを抱いたときに、その背後に必然的に張り付く〈政治〉について、金鶴泳は次のように描く。『凍える口』の主人公、崔圭植が、彼をオルグしようとするS同盟の活動家、金文基に抱いている思いである。

「政治的人間が来た、とぼくは心の中で呟《つぶや》く。金文基は政治的人間なのだ。そしてあらゆる人間を判断するのに、その人間の政治的立場をもってする。彼にとって、ある人間を認めるか認めないかは、その人間が共産主義者であるか否かによる。そして彼によれば、すべての朝鮮人は共産主義者でなければならないというのだ。［…］ぼくは、真の意味における共産主義者に対し、一種畏敬《いけい》と憧憬の感情を抱いている。だが、政治を除いたら何も残らないような干からびた共産主義者を、ぼくは認めることはできないのだ。」（『金鶴泳作品集成』作品社、一九八六年、八三頁）

その金鶴泳にして、一九七〇年代半ばから、まずはエッセイの形をとって、北朝鮮支配体制に対する厳しい批判を始める。「［…］狂信は、つまるところ、無知から生まれる。そして狂信に特徴的なのは、懐疑が欠如していることだ。したがって断定的である。［…］／私は、そうした肉親の狂信に、精神的拷問と形容したい苦痛に苦しめられている人間の一人だ。その思想とは〝金日成主義〟である。私はこの主義をひそかに〝金日成教〟と呼んでいる。それほどに宗教的色彩が強いのだ。」（「狂信の憂鬱《ゆううつ》」『統一日報』第一五二八号、一九七七年八月一〇日、コラムのために筆名は末尾に「鶴」とのみ記されているが、内容それ自体と、金鶴泳が後にフルネームで同じ欄に書いていることからみて、彼の文章と考えてよいと思う）

〝金日成教〟を「狂信」している「肉親」とは、彼の実生活に照らして言えば、父親である。

「「北」送事業の非人道性は、ひとえに、情報の徹底的統制によって絵にかいた餅《もち》を現実の餅であるかのように錯覚させ、それを誘い餌《え》にして二度とそこから戻ることのできない場所に人を送りこむことにある。」（「〝ここより他の場所〟」『統一日報』第一六八八号、一九七八年四月一二日）

これらの一連のエッセイに続けて、自死直前の一九八三年の作品『郷愁は終り、そしてわれらは――』が書かれることになる。この作品は、北朝鮮工作員の接触を受けて、四〇年ぶりに北朝鮮にある故郷に住む兄妹を訪ねた在日朝鮮人の身の上にその後起こる物語を描く。彼は、善意を装った工作員の勧めに応じて訪問するのであり、それが仕組まれた旅であることを知らない。北朝鮮訪問中に労働党幹部による特別待遇を受けて、日本への帰国後暗号による通信活動を行なうこと、ゆくゆくは韓国に合弁会社を設立することなど、北朝鮮が企図しているらしい、全貌は見えない諜報《ちょうほう》活動にズルズルと引き込まれてゆく。その主人公が、最後には、韓国中央情報部の手でスパイ容疑で逮捕されてしまうという物語を、身近にいた日本人女性の目線で描くという方法がとられている。作家自身が述懐するところによれば、通常の作品とは異質な題材の処理に苦しみ、素材を得てから七、八年、書き始めてから四年かかったという（金鶴泳『郷愁は終り、そしてわれらは―』の「あとがき」、新潮社、一九八三年）。

金鶴泳が、自ら不得手だと思う題材にあえて取り組んだのは、自分の親族をめぐって苦い経験を経たからだと推測できよう。父親が熱烈な金日成主義者であったことに加え、年譜に従えば、一九六〇年に妹・雅代、六四年には妹・静愛、六六年には妹・貞順がそれぞれ北朝鮮に帰国している。在日朝鮮人と北朝鮮に住む親族が強いられる関係や、在日朝鮮人社会においても北朝鮮社会においても、素性をしかと明かさないままにひとに近づいて、いつのまにか彼らの企図の中にひとを引きずり込んでしまう見えない強制力をはたらかせる人物がいることなど、この作品にちりばめられたさまざまなエピソードは、おそらく、作家自身が、北朝鮮に帰国した三人の妹との関係の中で、実際に経験したり身近に見聞したことに基づいて書かれているものと思われる。

金鶴泳が自死に至った真の理由を、私は知るよしもない。だが、独自の文学世界を築いていた作家が、死を意識していたであろう早すぎる晩年にあって、取り組まざるを得なかったことがこのようなテーマであったことには痛ましさを感じる。

帰国事業に関わって、北朝鮮指導部や総連幹部に対する批判は、いささか聞くに耐えない罵詈雑言《ばりぞうごん》をもってのみなされていたのではない。金鶴泳のこの作品のように、深い哀しみを湛《たた》えて、静かに人びとのこころに訴えるものとしても、一九八三年段階ですでになされていたのだ。その切実な思いが、それを聞き取り受け止めるべき相手が見つからないままに、虚空に彷徨《さまよ》っているしかなかったことに、やるせなさがつのる。

4、民族・植民地問題への無自覚――日韓条約締結のころ

二〇〇二年の平壌宣言の意味を再考する際に、帰国事業に次いで思い出さずにはおられないのは、一九六五年の日韓条約締結をめぐる諸問題である。「日本国と大韓民国」政府がこの年の六月二二日に署名し、同年一二月一八日に効力が発生した同条約は、以下の諸点を定めた。

日本国及び大韓民国は、

両国民間の関係の歴史的背景と、善隣関係及び主権の相互尊重の原則に基づく両国間の関係の正常化に対する相互の希望とを考慮し、

第一条【外交・領事関係の開設】

両締約国間に外交及び領事関係が開設される。両締約国は、大使の資格を有する外交使節を遅滞なく交換するものとする。また、両締約国は、両国政府により合意される場所に領事館を設置する。

第二条【旧条約の無効】

一九一〇年八月二十二日以前に大日本帝国と大韓帝国との間で締結されたすべての条約及び協

定は、もはや無効であることが確認される。

第三条【韓国政府の地位】

大韓民国政府は、国際連合総会決議第百九十五号（Ⅲ）に明らかに示されているとおりの朝鮮にある唯一の合法的な政府であることが確認される。

ここに明らかなように、三七年後の二〇〇二年平壌宣言に見られる「両首脳は、日朝間の不幸な過去を清算し」とか「日本側は、過去の植民地支配によって、朝鮮の人々に多大の損害と苦痛を与えたという歴史の事実を謙虚に受け止め、痛切な反省と心からのお詫《わ》びの気持ちを表明した」などの言葉さえ、ない。

植民地支配に派生する問題としては、調印日を同じくする「財産及び請求権に関する問題の解決並びに経済協力に関する日本国と大韓民国との間の協定」が次のように述べている。

日本国及び大韓民国は、

両国及びその国民の財産並びに両国及びその国民の間の請求権に関する問題を解決することを希望し、

両国間の経済協力を増進することを希望して、

次のとおり協定した。

第一条

１　日本国は、大韓民国に対し、

（ａ）現在において千八十億円に換算される三億合衆国ドルに等しい円の価値を有する日本国の生産物及び日本人の役務《えきむ》を、この協定の効力発生の日から十年の期間にわたって無償で供与するものとする。

国交正常化条約以前の平壌宣言では、これに相応する箇所で次のように述べている。

「双方は、国交正常化を実現するにあたっては、一九四五年八月十五日以前に生じた事由に基づく両国及びその国民のすべての財産及び請求権を相互に放棄するとの基本原則に従い、国交正常化交渉においてこれを具体的に協議することとした」

こうして見ると、二〇〇二年平壌宣言と一九六五年日韓条約の違いは、後者にはなかった「植民地支配に関わる反省と謝罪の気持ち」が前者では表明されていることに尽きる。そして「日本側が朝鮮民主主義人民共和国側に対して、国交正常化の後、双方が適切と考える期間にわたり、無償資金協力、低金利の長期借款供与及び国際機関を通じた人道主義的支援等の経済協力を実施し、また、民間経済活動を支援する見地から国際協力銀行等による融資、信用供与等が実施されることが、この宣言の精神に合致するとの基本認識」に立つ、としている。

韓国政府は、一九六五年の国際政治状況にも規定されて、植民地支配の犠牲者であった個人や集団の賠償請求権を勝手に放棄し、経済援助を得ることでよしとする条約を日本と結んだ。それから二五年以上を経て、戦後世界を呪縛してきた東西冷戦構造が潰《つい》えた一九九〇年以降、従軍慰安婦問題をはじめとして、在韓・在日朝鮮人や在中・在日中国人が日本国家に対して戦後補償を求める動きと訴訟が一気に増えた。それまで数件にすぎなかった訴訟は、九〇年代に入って一挙に約七〇件にのぼった。植民地支配や侵略戦争で与えた損害に関して、「反省や謝罪」の言葉を表明することさえなく、具体的な補償策も伴わなかった六五年条約をもってしては、生きる個々の人びとからすれば「清算」は済んでいなかったのだ。二〇〇二年平壌宣言も、このような視点から批判的に捉える必要があるだろう。

問題は私たちの足元にこそ

問題を私たちに引きつけて言うなら、植民地支配の清算についてのこの無自覚ぶりは、ひとり政府レベルで終わるものではなかった。それは、私たち自身の問題でもあった。

帰国事業につづいて日韓条約反対運動に積極的に関わっていくことになる佐藤勝巳は前掲『わが体験的朝鮮問題』の「2　一人歩き―社会主義への疑念」の章で、日韓交渉から条約締結にかけての時期のことを書いている。佐藤は新潟から東京へ住まいを移し、寺尾五郎と親しかったこともあって、日本朝鮮研究所（以下、朝研）の活動に関わるようになる。朝研は、佐藤の記述によれば、一九六一年純然たる民間の研究機関として発足した。理事長は社会党左派、専務理事は共産党（寺尾五郎）で占め、共和国を全面的に支持する立場で活動していた。一九六四年から六五年にかけては機関紙『朝鮮研究』でもパンフレットでも日韓交渉の諸問題を絶えず取り上げ、数万部売り上げたものもあったほか、寺尾と佐藤は全国各地での講演会に呼ばれ、それぞれ五〇回ほども出かけている。

そのころの佐藤自身の朝鮮認識は、次のようなものであった。

「[…] その頃までのわたしにとっての朝鮮は共和国であり、運動は共産主義運動であり、それの延長路線上にある日朝友好運動であった。それ以外は目に入らなかった。端的にいって、韓国は、アメリカ帝国主義が軍事力によってファッショ政権を支え、南朝鮮人民を苦しめ、かつ共和国に敵対し、自主的平和統一を妨害しているところと漠然と考えていた。したがって、一九六〇年四月一九日、韓国民衆が李承晩政権を倒したことや、韓国内の「韓日会談」反対運動などには大きな関心を払い、「南朝鮮人民と連帯しよう」といってきた。だが、それはあくまでも、韓国の反体制運動が「デモ」という形態をとって顕在化したときだけの関心であった。その「デモ」をやっている人たちが、たとえば共和国をどう考えているかなど思いも及ばなかった。どちらかといえば、韓国の政府に反対している人たちは、大体共和国を支持しているのではないか、と自分の願望もこめて漠然と考えていた。それがとんでもない事実誤認であることがわかるまでには、なお、数年の歳月を要した。要するに、当時のわたしの韓国認識は、極悪非道の政権を支えるアメリカ帝国主義と、ごく少数の学生などの正義の士が住むところというものであった。」(五一頁)

佐藤がこのように回顧している内容は、当時二〇歳を少し超えたころで、学生であった私にとっても、縁遠いものではない。朝鮮問題に集中して活動していた佐藤も、とくに集中していたわけでもなかった私も、似たような水準で、朝鮮を捉えていた。当時私が関わっていた無党派学生運動の中で私（たち）が書き散らしたビラの文章などは残っておらず、引用することはできないが、日韓条約に反対して街頭デモで血を流してたたかう韓国の学生運動の様子を新聞を眺めながら、「韓国の学生たちは反共（反共産主義）だけれど、とにかく条約反対という点では同じ目標に向かって闘っているんだから、連帯しないとな」などという会話を仲間と交わしていたことははっきりと記憶している。また、身近にいた一世代年上の人と日韓条約反対闘争の論理を話し合いながら（その人を大事な人だと思っていたので、さまざまな会話の内容を今でもだいたい覚えているのだが）、私は、「独占資本」や「資本進出」や「軍事同盟」などきわめて生硬な言葉で説明しながら、植民地支配の清算のことには一言も触れることはなかった。

これらの事実に明らかなように、私たち自身も、植民地支配問題への自覚をまったくといっていいほど欠いている段階であった。私たちが考えていた日韓条約締結反対運動の論理を、思い出しながら、以下のようにまとめてみる。

㈠　北朝鮮の存在を無視して結ばれる日韓条約は南北分断を固定化し、朝鮮民族の悲願である南北統一を阻害する。

㈡　日韓条約は本質的に軍事同盟である。米国は日本に基地をもち軍隊も駐留しているが、韓国にも国連軍の名の下に駐留している。その米国の庇護《ひご》の下で、日本、韓国、台湾の反共三か国を結ぶ北東アジア軍事同盟（NEATO）に発展するおそれがある。

㈢　復活を遂げた日本の独占資本は、経済協力の名の下に対韓国経済侵略を企てるであろう。韓国の豊富な低賃金労働力を搾取し、韓国を経済的に隷属化するであろう。

㈢を説明するときには、もしかしたら「新植民地主義」という用語を用いていたかもしれない。いま手元の資料で調べると、この用語は、私が当時すでに読んでいた「岩波講座現代　第4」『植民地の独立』（岩波書店、一九六三年）に収められた諸論文で使われている。諸論文とは、坂本徳松《さかもととくまつ》・尾《お》崎彦朔《ざきひこさく》「新興諸国、諸植民地の現状と課題、アジア」、甲斐静馬《かいしずま》「同　中近東、北アフリカ」、奥野《おくの》保男《やすお》・入江敏夫《いりえとしお》「同　アフリカ（サハラ以南）」、山本進《やまもとすすむ》・杉山市平《すぎやまいちへい》「同　ラテンアメリカ」、さらに総論としての岡倉古志郎《おかくらこしろう》「植民地体制の崩壊とその国際的影響」、蠟山芳郎《ろうやまよしろう》「植民地独立の時代と日本」などである。また、岡倉古志郎編『アジア・アフリカ講座』全五巻（勁草書房、一九六四〜六七年）の第一巻は『A・A・LAと新植民地主義』と題されていた。いずれも、当時の進歩的な立場ないしは共産党に近い左派の研究者やジャーナリストの手になる論文である。つまり、主として第二次世界大戦後に独立を遂げた第三世界諸国を、旧宗主国がなお経済的に支配している実態を解明するときに、この用語は当時から広く用いられていたのだと言える。「新植民地主義」という用語を知っており、用いたりしておりながら、学生であった私たちを含めた革新派総体が、かつての「植民地主義支配」を重要な歴史的現実と捉えて日韓条約締結反対の論理を組み立てることができなかったこと。そこにこそ、根本的な問題が孕まれていたと捉えなければならない。

なぜ、私たちは「日本の敗戦」、すなわち「朝鮮の解放」から二〇年を経た段階で、植民地支配の問題に無自覚だったのだろうか。すでに少なからずの人びとが発言しているように、それは日本の敗戦の仕方にこそ理由があったと思える。近隣の東アジア諸地域に対する植民地支配と侵略戦争で開始された「明治維新」以降の日本近代の路線は、本質的には朝鮮、中国、フィリピンをはじめアジア諸地域の民衆の抵抗によって破綻《はたん》した。だが、一九四五年段階における米軍による本土各地への空襲、沖縄戦、広島・長崎への原爆投下などによって、多数の日本人は、自分たちがあたかもアメリカに負けたかのように解釈した。植民地民衆の反植民地支配・独立闘争にも、侵略した相手国の民衆の抵抗戦争にも直面することなく、アメリカに負けたのだと思い込むことにした。事実、「敗北した日本」を「占領したのは米軍」であり、そこにこそ、「敗者」と「勝者」の形がくっきりと表われていた。しかも、自らの名において戦争を開始した「昭和天皇」は、今度も自らの「聖断」によってポツダム宣言を受諾した。軍隊も一斉に抗戦を止めた。一木一草にまで天皇制がしみわたっている日本の現実を見た占領軍は、天皇の戦争責任を問うことを避け、彼を占領統治に利用することにした。戦争の責任はすべて東条英機《とうじょうひでき》以下の軍部に押しつけられた。天皇も、国民も、戦争責任を免罪された。国家の実質的な中枢を形づくっていた膨大な官僚層も、内務省関係者以外は公職追放措置にもさらされず、生き延びた。

こうして、日本社会は敗戦直後の段階で、自らの手で植民地支配と侵略戦争の問題に決着をつけることができなかった。戦後世界は、米国圏とソ連圏へと二極分解を遂げ、日本は、構造化された東西冷戦体制下で、明確に「西側」＝米国との反共（反共産主義）同盟を選択した。米国は、日本が東アジアにおける反共の砦《とりで》として経済的な復興を速やかに達成できるように、日本の戦争被害を受けたアジア諸国が賠償請求額を大幅に減額するよう圧力をかけた。アジア諸国の民衆は、米国の圧力に屈してゆく自国政府の方針に抵抗できる段階ではなかった。日本の戦争責任を追及するはずの声は、その後長いあいだ沈黙を余儀なくされた。こうして、日本は、精神的にかつ経済的に、「敗戦処理」という重荷を背負うことを自ら免除した。それは同時に、私たちが植民地支配責任と侵略戦争責任を自覚することを妨げた。事実、その後多くの人びとが語るように、戦後の反戦・平和運動は、長いこと、「被害者意識」に依拠して展開されていた。

自分たちもその程度のものでしかなかったことを忘れることはできないと自覚したうえで、ここでは、国会議事録に残っている革新派議員の発言を思い起こしておこう。ほかならぬ佐藤勝巳も、先に触れた『朝鮮統一への胎動』所収「第一章　日本人の朝鮮認識」で、この当時の論議をまとめている。しかし佐藤が、この論議を知ったのは、一九六五年日韓条約発効から二年半が過ぎた六八年秋のことであった、と述べている。朝鮮研究所で仕事をしていた佐藤ですらそうであったというが、当時学生であった私にしても下宿生活では新聞を購読しておらず、図書館で他人が読む合間をみては短い時間にざっと目を通す程度であったことを思い出す。当時の学生下宿には、当然にも、テレビなどがあろうはずもなく、きわめて情報量の限られた世界において、時事的な問題に向かい合っているつもりでいたのだ。

さて、当時の国会では次のような水準の議論が行なわれている。社会党（当時）の石橋政嗣《いしばしまさし》は、一九六五年一一月五日衆議院の日韓特別委員会で次のような質問をしている。

「[…]いままでの外務省の国民に対する説明というものをここで少し取り上げなければ結論が出ないと思いますから、読み上げてみたいと思います。これは外務省情報文化局が出しております「世界の動き」特集号の六であります。そのまま読みます。「わが国が韓国に請求しているのは、そのうち私有財産の返還である。それは私有財産尊重の原則が、歴史的にいつの時代にも認められてきた原則であるし、また朝鮮からの引揚者の利害がこの問題と密接に結びついているからである。しかも、日本人が朝鮮に残してきた財産は、はるばるわが国から渡鮮《〔ママ〕》して三十余年の長きにわたり粒々辛苦働いた汗の結晶にほかならない。」、いいですか。これは外務省の文書ですよ。[…]「或る人の計算によると、終戦当時朝鮮には日本人の私有財産（すなわち国有財産や公有財産は別として、個人財産と私企業財産だけの合計）は約七百三十億円あったということである（当時は一弗は約十五円であった）。今かりに、その中の六〇パーセントがいわゆる「三十八度線」の北鮮《〔ママ〕》にあり、四〇パーセントだけが南鮮《〔ママ〕》にあったと仮定して、しかもさらにその六五パーセントが戦災で減失したと推定すると、現在韓国内には約百億円の日本人私有財産が残っている計算になる。その他にも、帳簿尻の清算などを勘定に入れると日韓相互の請求権は次のようになる。日本が韓国から受け取るべき額約一四〇億円、日本が韓国に支払うべき額約一二〇億円、差引受取額約二〇億円。そこで、かりに韓国の主張のように、日本は韓国に対し請求すべきものは一銭も無く、請求権の問題というものはもっぱら韓国が日本から受取る額の問題にすぎないということであれば、この人の計算に従えば、終戦当時の金で一二〇億円を日本が韓国に支払わなくてはならないことになる。在韓財産の一切合切をフイにした上に、さらにこのような巨額を支払うということは、わが国民の決して納得しないところであろう。」、この外務省の見解こそ現在の日本の国民の気持ちじゃないですか。これはそれじゃ、うそだというんですか。」（『第二類第二号　第五十回国会衆議院日本国と大韓民国との間の条約及び協定等に関する特別委員会議録　第十号』一九六五年一一月五日、一九頁）

石橋が引用しているのは、一九五三年一〇月二二日に外務省情報文化局長が行なった談話の一節である。つまり一二年前に行なわれた政府レベルの一発言だが、所与の問題に関して時期ごとの政府レベルの考えが違うということを、いつも野党は最大の追及点とする。それが大事な場合もあるが、この場合は追及すべき論点が違うだろう。これに対して答弁に立った藤崎外務省条約局長は「日韓交渉のある段階において［…］一番日本に腹一ぱいの主張を韓国との交渉の上でやっておった段階の発表」であり、「いまの見解とは違う」と言っている。外相（椎名悦三郎《しいなえつさぶろう》）も、日韓交渉の過程でいまは見解を変えたとか、日韓間の長い間の歴史的関係を考慮したとか言って、条約が定めた「経済協力」条項を擁護している。

石橋はさらに問う。「この当時の外務省のこの主張、これこそはまさに日本国民感情にぴったりだということとです。［…］外務省が、先ほど読み上げたような態度でがんばってくれておるときこそ、ああやはり政府だ、われわれ国民のことをよく考えてくれてがんばってくれていると、感謝しております。それを、何の相談もなしにいつの間にか消えちゃった、あれは交渉のかけ引きにちょいと言うただけです、そんなことで済みますか。」(同一九～二〇頁)

請求権と経済援助の問題をめぐる石橋政嗣と政府閣僚の問答については、佐藤も私も当時は目にもしなかった議事録によってではなく、当時の新聞に掲載された「審議の記録」を通してふりかえることにしよう。現実に読んだかどうかは別にしても、当時もこの程度の情報は提供されていたことをふりかえるために。一九六五年一一月六日付『朝日新聞』は、前日の審議のもようを次のように伝えている。

石橋氏　請求権・経済協力問題について聞きたい。サンフランシスコ平和条約第四条(b)項(注＝日本の旧領土にあった日本国および国民の財産について、米軍政府の指令で行われた処分の効力を日本が承認するとの規定)については、政府は国民の財産権の所属変更、移転の承認ではなく、外交保護権の放棄であるとしてきたが、変りはないか。

[椎名]外相　外交保護権だけの放棄であり、政府の考えは変えていない。

石橋氏　では、各個人の韓国に対する請求権はあるということか。

[藤崎外務省]条約局長　実際問題として韓国ではとりあげられないだろう。

石橋氏　外交保護権も放棄した、日本国民の所有権も政府が勝手に放棄したというのか。

条約局長　政府が放棄したのではなく向うの政府が認めないわけだ。

石橋氏　勝手に放棄したのと同じじゃないか。

外相　（しばらく沈黙のあと）外交上ではあなたのいうような結論になります。
石橋氏　日本国憲法で補償しなければならないのではないか。
［高辻内閣］法制局長官　憲法二十九条三項（注＝私有財産は、正当な補償の下に、これを公共のために用いることができる）は、日本国の公権力によって起ることについての規定である。よって、憲法上、法律上の補償の対象にはならぬ。
石橋氏　外相は個人財産も放棄したといっている。私は責任を追及しているのだ。日本国民の財産が国の利益のための犠牲になっているのだ。（「そうだ」と社会党席一斉にヤジ）
外相　個人の請求権を放棄したというい方は適切でない。私がそういったとすれば訂正する。
戸叶里子氏（社）＝関連質問＝日本人の在韓財産は軍令三十三号で処分された。その後一九四八年に米韓協定ができ、その第五条で米国はこれらの財産を韓国に移譲している。しかし、その第六条には「その人の申出があるまでは韓国が管理する」と規定してあり、さらに「特別の取決めがなければ、その所有者に返す」とハッキリ決めている。何か、日韓間に特別の取決めでもあるのか。何故韓国にこの規定を守ってもらうようにしないのか。
条約局長　その第六条は、連合国の財産を日本の財産と思って韓国に渡してはいかん、ということで決められたものだ。
戸叶氏　そんなことはない。日本人の在韓財産はいつなくなったのか。
条約局長　はじめ米国と同じ解釈をとり、日韓交渉の途中でちがう解釈をとるようになったことは、先日述べた通り。

石橋氏　政府は韓国の対日請求権を相殺するため、朝鮮においてきた日本人の個人財産をふりあてたことになるではないか。

外相　韓国の対日請求権については、両国でつき合わせをしてみたが、法律上の根拠や事実関係などの点で話がつかず、その間朝鮮戦争もあったりしたのであきらめた。そのため別に無償三億ドル、有償二億ドルの経済協力をおこなうとともに、対日請求権を終極的に消滅させることになった。だから問題とされるような関連はなくなった。だが法律上は関係ないが、経済協力にする際にその問題を念頭においてやったということはできるだろう。［以下略］

石橋政嗣、戸叶里子《とかのさとこ》のほか、一連の問題について政府を厳しく追及していた社会党議員は、議事録によれば、ほかに小林進《こばやしすすむ》、岡田宗司《おかだそうじ》、横路節雄《よこみちせつお》、岡田春夫《おかだはるお》などである。日米安保条約問題などでは、もっとも鋭く政府の方針を追及した議員であったことは、私の記憶にくっきりと残っている名前である。政府・与党は、外交交渉レベルの戦術では時に相手政府と「妥協」点を探るためにあえて「譲歩」すら行なう場合もある。「日本国民の財産」を守る観点から日本政府の対韓「譲歩」の責任を追及していた社会党議員は、植民地支配に関わる補償にブレーキをかけていたことを想起する必要がある。

この国会論議の水準を、若い学生であった私たちの居場所に平行移動させると、先にふりかえったように、植民地問題に無自覚なままに、きわめて政治的な戦術の問題として日韓条約反対の論理を語るところにいきつく。そして、佐藤もふりかえるように、当時は「健在」であった労働運動のレベルでこれを見れば、「韓国にやるカネがあるなら、高校全入［希望者全員が高校に入学できるような定員の増員を行なえという要求運動］にまわせ」とか「失業対策事業にまわせ」などのスローガンが、日韓条約反対闘争のデモ隊列のプラカードに書かれるという惨状を呈していたことになるのである。

在日朝鮮人の歴史家の姜在彦《カンジェオン》は、苦い思いを込めて語っている。「日韓反対闘争のなかで印象的だったのは、反対スローガンのなかに日韓条約で支払われる請求権資金を、［当時の韓国大統領＝朴《パク》正熙《チョンヒ》を当て擦って］「朴にやるなら僕にくれ」がありましたけど、カチンときましたね。朴政権にやるのは独裁政治を強化することだから、支払うべきでないというんですね。つまり金銭問題にすりかえているんです。これは日本の民衆自身の植民地支配に対する視点があまりにも欠落していることの現われだと思いました」（和田春樹《わだはるき》との対談「戦後五〇年の歩みのなかで」『季刊青丘』二一号、青丘文化社、一九九五年春、三七頁）。和田はこの前段で語っている。「［…］日本が朝鮮を植民地にした三六年の歴史をどう考えるべきか。韓国側が出してきた請求権問題をどういう論点でどう考えるべきかがほとんど議論されないままに対応していった。六五年二月にアメリカが北ベトナムの爆撃を開始します。ですから、日韓条約反対闘争は安保条約反対からベトナム戦争反対までの途中通過駅みたいに過ぎてしまう。日韓関係は日本の歴史にとって、近代歴史を反省する根本問題に関わるはずなのに、軽く流してしまったということです」（同誌同号同頁）

佐藤勝巳の回顧や私自身のふりかえりを通して見てきた一九六五年当時の現実は、この社会に普遍的なものであったことが、姜と和田の発言によって裏づけられている。これは、何度でも確認しなければならない、一九六五年当時の私たちの姿である。

民族・植民地問題への覚醒

だが、いまふりかえると不思議に思えるが、私たちが、世界・歴史認識における一大転換期を迎え、民族・植民地問題を軸に据えて考え始めるのは、それから間もないことである。具体的には、それは、一九六六〜六七年を契機にしていたと思われる。

それを可能にしたであろういくつかの要素を、その当時の想い（言葉遣い）で簡潔に説明してみる。ただし、その説明の際には、一九六六〜六七年という「点」のような時間ではなく、その前後の数年間をも含む「幅」をもった時間の出来事に触れることになるだろう。

㈠　米国は一九六五年二月、北ベトナムに対する爆撃を開始した。三月、南ベトナム解放民族戦線は全世界に向けて、精神的・物質的な援助と義勇軍の派遣を呼びかけるアピールを発した。一九六七年四月、ボリビアの山岳部で、反政府・反帝国主義のゲリラ闘争を準備していたエルネスト・チェ・ゲバラは「二つ、三つ、数多くのベトナムを作れ、それが合言葉だ」とするメッセージを発した。ベトナムを悲劇的な孤立から救うために、敵の兵力を分散させるような闘いが世界各地で起こるなら、勝利の日は近い、と呼びかける内容だった。世界最強の米国軍の侵略に対して、貧しいベトナムの民衆が粘り強くたたかい続けている現実が、世界の人びとの歴史・世界の認識方法の変革を迫った。産業先進国（それは日本を含めてすべて、かつての植民地宗主国であった）と、新旧植民地主義の抑圧下にある諸国の間の、非和解的な歴史過程に学ぶこと。前者の国々と、後者の諸国に住む民衆間の関係はどのようなものとしてあるのか、を考え抜くこと。それが私たちの、避けることのできない課題となった。

㈡　世界最強の帝国＝アメリカ合州国において、いままであらゆる意味において下層に押し込められてきた黒人や先住インディアンが、従来の支配的な歴史観を批判しながら、復権のたたかいを実力（暴力）闘争に訴えて展開していた。それはベトナム反戦運動とも結合し、世界の現状を変革する確実な展望を切り開いていた。先住インディアンの存在は、ヨーロッパ近代とのそもそもの出会いの契機となった「征服」の意味を再考するよう、私たちに促した。それは、後で触れるように、堀田善衛《ほったよしえ》がいち早く注目した「征服」時代のカトリック僧、ラス・カサスの著作との出会いを可能にした。黒人《ブラツク》の台頭を目撃しながら、私たちは、彼らがアメリカ大陸に住むことになった強制力としての「奴隷貿易」が、欧米諸国の資本主義的発展にもった意味を考えないわけにはいかなかった。

㈢　アジア各地、パレスチナ、ラテンアメリカのキューバ、マグレブのアルジェリア、アフリカ中部から南部にかけての諸地域など、世界の至るところで新旧植民地主義からの解放闘争が展開され、独立・革命によって新しい社会が生まれつつあった。このこともまた、欧米中心主義の歴史像・世界像を総体として止揚《しよう》し、新たな見方を創り出す課題を私たちに与えた。

㈣　このように、私たちの眼前には、いくつもの刺激的な現実が起こっていた。それらの現実の革命的胎動を裏づけるように、理論面での深化もまた獲得されていた。そのころ、私（たち）の認識の変革に大きな意味をもったと思われるいくつかの書物を限定的に挙げてみる。日本に住む私たちに影響を与えた具体例を語っているのだから、原書が外国語の場合は、あくまで日本語版が発行された時期のことを意味している。

森秀人《もりひでと》『甘蔗《かんしょ》伐採期の思想　組織なき前衛たち』（現代思潮社、一九六三年）

朴慶植『朝鮮人強制連行の記録』（未来社、一九六五年）

栗原登一《くりはらといち》『世界革命』（三一新書、一九六七年）

玉城素《たまきもとい》『民族的責任の思想　日本民族の朝鮮人体験』（御茶の水書房、一九六七年）

世界革命研究会編『世界革命運動情報』第一号〜二八号、特別号一〜四号（レボルト社、一九六七〜七二年）

エルネスト・チェ・ゲバラ『国境を超える革命』（レボルト社、一九六八年）

フランツ・ファノン「暴力論」（レボルト社『世界革命運動情報』一〇〜一二号、一九六八年、みすず書房から『地に呪われたる者』として全訳、一九六九年）

エリック・ウィリアムズ『資本主義と奴隷制　ニグロ史とイギリス経済史』（理論社、一九六八年）

マルコムX『マルコムX自伝』（河出書房、一九六八年）

堀田善衛「第三世界の栄光と悲惨について」（現代人の思想17『民族の独立』解題、平凡社、一九六八年）

H・M・エンツェンスベルガー「ラス・カサス　あるいは未来への回顧」（『何よりだめなドイツ』、晶文社、一九六七年、に収録）

野間寛二郎《のまかんじろう》『差別と叛逆の原点　アパルトヘイトの国』（理論社、一九六九年）

新谷行《しんやぎょう》『アイヌ民族抵抗史』（三一新書、一九七二年）

ディー・ブラウン『わが魂を聖地に埋めよ　アメリカ・インディアン闘争史』上・下（草思社、一九七二・七三年）

挙げるべき書物は多いが、「時代の感性」とでも言うべきものは、このリストで十分に伝わるように思える。これらの書物群は、いずれも、日本国一国内に封鎖されていた私たちの意識を解き放った。私たちは、民族・植民地問題を媒介に「世界大の外部」へと意識を開き、さらに同じ問題を媒介に足元の現実に戻ってくるという、往還運動を始めた。

㈤　当時の日本は、一九六四年の東京オリンピック開催や東海道新幹線の開通などを象徴的なきっかけにして、高度経済成長の真っ只中《ただ》にあった。ベトナム戦争の一方の当事者である米国に、政治的・軍事的にはもちろん経済的にも加担して、この豊かさが得られていると私たちは実感し始めた。一九五〇～五三年の朝鮮戦争のときもそうだった。結局この日本社会は、隣人の不幸を糧にして豊かになっていくのか、という反省が私たちのなかに生まれた。それは、日本の近代化の過程を、日本が征服・支配の対象とした東アジアの近隣地域との関係史として捉えなければならないことを私たちに自覚させた。

私が当時いた場所から見ると、以上のようにふりかえることができる。そのとき、私たちは、日本近代が孕んでいる民族・植民地問題に、遅ればせながらも、気づいたのだと言える。

その後の「私戦」と「集団的な告発」

日韓条約反対闘争と同時期（一九六〇年代中盤から後半）に朝鮮研究所の変遷のきっかけとなった数々の事件がある。

中ソ論争の激化の影響、日本共産党との対立の進行、善隣学生会館における在日華僑青年と日本共産党の暴力的衝突に行き着いた中国文化大革命の波及、中朝国境の閉鎖と銃撃戦、同じく武力衝突にまで至った中ソ対立、共産党傘下の日朝協会と総連の誹謗《ひぼう》中傷合戦などであり、佐藤は前掲『わが体験的朝鮮問題』で、それらによって大小さまざまな影響をこうむっていた経緯を描いている（一九頁、四七〜四九頁）。佐藤個人も、新潟から東京へ転居する過程で、共産党の党員籍がなしくずし的に更新されないまま、事実上離党する。これらの経験を通して、佐藤が引き出す結論は、社会主義運動における「事大主義と自己絶対化」が、諸悪の核心にあるということである。佐藤の回想によれば、時を同じくして一九六七年初頭から北朝鮮では金日成に対する個人崇拝が一気にエスカレートし、佐藤の中で社会主義に対する疑念がはじめて頭をもたげる。この段階では、問題は正確に指摘されていると言えよう。

日韓闘争とその後の朝鮮研究所の再編を経て、佐藤勝巳は次に「3　混迷と再出発―民族差別撤廃へ向けて」の章へ筆をすすめる。佐藤がそこでまず関わったのが、金嬉老《キムヒロ》事件の弁護・救援活動であったことは、日韓闘争以後の時代を象徴していてあまりある。

在日朝鮮人、金嬉老の事件は、一九六八年二月、静岡県清水市と大井川沿いの寸又峡《すまたきょう》温泉で起こった。清水市のバーでライフル銃を使ってひとりの暴力団員を殺した金嬉老がそのまま寸又峡温泉の旅館にこもり、宿主家族と泊り客一三人を人質にした。金はライフル銃一挺のほかに四〇〇～五〇〇発の実包、七三本のダイナマイトで武装していた。彼が要求したことは、かつて清水署の一刑事が、街中での喧嘩《けんか》を止めに入りながら言った「てめい等《ら》、朝鮮人が日本へ来てろくな事をしない」という言葉について、本人に謝罪させることにあった。テレビ放送を通じて本人は謝ったが、これでは本当の謝罪ではないと金は言い、なおも要求を続けた。人質の証言によれば、「警察に謝罪させて、自分の主義主張が世の中に通ったら自決する」と言い切っていた。事件は、発生から四日後、「複数の私服警官が、報道陣の暗黙の了解のもとに、記者を装ってその中にまぎれ込み、金嬉老に接近して彼を取り抑え」、逮捕することで終わった。

右の引用語句はすべて、ジャーナリスト、本田靖春《ほんだやすはる》の『私戦』（講談社文庫、一九八二年）に基づいている。寸又峡における金嬉老の発言は、自らの殺人行為を正当化するための詭弁《きべん》にすぎず、「英雄気取りの殺人犯」と一般的には解釈された。少数意見ではあったが、金嬉老の孤独なたたかいが、日本人の民族的な差別と偏見に対する痛烈な告発だと捉える者もいた。殺人を犯したうえでおおぜいの人質をとるという「非合法的な方法」に訴える人間が生まれて、はじめて日本のテレビ・新聞は、朝鮮人に対する民族差別の現実を報道した。一九六五年の日韓条約反対闘争のときにすら意識されなかった「民族・植民地問題」が、世論の大きな反発を買いながらも、同時に誰の目にもわかる形で浮上したのである。本田靖春は、金嬉老のたたかいを「私戦」と表現したが、この名づけが孕む意味合いは深いといわなければならない。

金嬉老の「私戦」から二年後、次に現われるのは、在日アジア青年による集団的な告発である。「華青闘告発《かせいとう》」の略名をもつそれは、一九七〇年七月七日、「七・七蘆溝橋《ろこうきょう》三三周年、日帝のアジア再侵略阻止人民大集会」（同実行委員会主催、東京・日比谷野外音楽堂）において、華僑《かきょう》青年闘争委員会メンバーによって行なわれた。この「告発」は、大要、次のような内容をもっていた。――在日朝鮮人、在日中国人、在日アジア人に対する生殺与奪の政策をほしいままにする出入国管理法案反対闘争において、日本人（しかも新左翼）は、政治闘争全体に向けた突破口として問題の固有性を解消する悪しき政治的利用主義に陥っている。われわれ被抑圧民族と、抑圧民族としての日本人との間に広がる隔たりは、あまりに大きい。在日アジア人は日常生活において、法律、慣例という規則＝排外主義の波にのみこまれ、諸々の生産関係から排除されている。植民地化や侵略戦争に対する責任追及も何らなされていない。口先だけの連帯は、もはや信用できない。抑圧民族としての立場を徹底的に検討してほしい――と。

この批判を受けとめて以降、どのような思想と実践が現われ、そこにはどんな問題が孕まれていたかということは、おのずと別な課題になる。だが、「華青闘告発」とその受容のされ方に、この時代の社会運動のもっとも重要な内実を見てとることは不当なことではない。

これが、民族・植民地問題が、私たちの内部で次第に深く自覚されていく一九六〇年代後半から七〇年代初頭にかけての、忘れることのできない現実的な背景である。私たちの新たな精神史は、そこでこそ形成された。まだまだ明らかにしなければならない問題が残っていることを自覚したうえで、そのことを書きとめておきたい。

5、何を取り違えていたのか——左翼・進歩派の北朝鮮論

帰国運動および日韓条約反対闘争のときに日本左翼および進歩派のあいだに存在した言論内容のごく一部については、すでに触れた。だが、もちろん、北朝鮮をめぐる左派・進歩派の言論は、一貫してより広範に存在していた。そのなかから、本書のテーマに関わって重要だと思われるいくつかの例に触れておきたい。

帰国運動直後の北朝鮮を訪問し、訪朝記を残しているのは寺尾五郎だけではない。左翼・進歩派という区切りを離れて広くジャーナリズム全体を考えるなら、当時の新聞各紙には、特派員の訪朝記・見聞記がたくさん載っている。朝鮮戦争休戦後から一九七〇年代初頭にかけて書かれたもので、基本的に北朝鮮のあり方に好意的なもののいくつかは、その後太平出版社編『新しい朝鮮から ルポルタージュ』に収められた（太平出版社、一九七二年）。朝日、毎日、読売、日本経済、共同通信などを通して掲載・配信された記事が集成されており、当時のジャーナリズム全般の方向性がよく見えてくる。時代風潮を反映して、「社会主義」を謳《うた》う北朝鮮社会を好意的に見ようとする観点が目立つ。その裏側には、植民地支配の問題をふりかえる意識の希薄さや在日朝鮮人の生活状況への無関心さが貼りついていて、剝《はが》れない。それは、のちのちまで続く問題点である。

度重なる「金日成会見記」の諸問題

朝鮮問題への発言に関しては忘れることのできない人物、岩波書店発行の『世界』誌編集長時代の安江《やすえ》良介《りょうすけ》について、佐藤勝巳が批判的に語っている。

同じく岩波書店発行の『広辞苑』の第一版（一九五五年）には、「北鮮」「朝鮮征伐」「鮮人」など、その後深化した歴史認識と差別語に対する感覚からすると、考えられないような項目があった（私の手元にあるのは、一九六八年刊の第一版第二十八刷なので、それを確認することができる）。当時朝鮮研究所で活動していた佐藤らは、岩波書店に出向き、これらの項目の立て方自体が間違いであると抗議していた。その経緯を承知していたらしい安江が、社内ですれ違った佐藤の肩をたたき、「お手柔らかにお願いします」と言ったというのである。佐藤が問題とするのは、その後北朝鮮を訪問した安江が、金日成総合大学で講演した際に、日本の学校では朝鮮の植民地支配についていかに誤った内容の教育がなされているかを具体例を挙げて説明し、聴衆の朝鮮人は驚きと戸惑いで声も出なかったと自ら報告している点である（『世界』一九七二年一二月号掲載「金日成首相会見記」の「まえがき」で安江自らが報告している文章を引きながら、佐藤は『わが体験的朝鮮問題』一〇三〜一〇四頁で論じている）。担当部署が違うとはいえ、自らが勤務する出版社が発行している『広辞苑』の記述問題を知っている、責任地位の高い人物が、それにはそ知らぬ顔をしたまま他社の検定教科書の非のみを批判し得ようか、という問題提起であろう。佐藤の「転向」の過程は、周辺の人間たちの無節操・無理解（と佐藤が捉える性向）によって加速されているとの一面もあると私は考えているので、佐藤本人の著書にのみ依拠してあえて触れておいた。

さて、この佐藤の問題意識とは別に、私なりの関心から帰国運動時の『世界』バックナンバーを大急ぎで一覧したが、とりたてて特徴が見られるわけではない。すでに検討した新聞ジャーナリズムの延長上で考えれば十分だと思える。北朝鮮報道におけるこの雑誌の特徴は、安江編集長の下での、度重なる金日成会見記にこそあると思える。一九七二年一二月号から八五年五月号に至るまで、実に四回の会見記が掲載されている。編集長を辞めていた一九九一年段階にも訪朝している。これは、かつての朝鮮植民地支配の清算を果たさなければならないという編集方針をもつ一民間雑誌が、国交正常化に向けた自国政府の熱意が足りない段階で、相手側の考えを知る媒体となろうとする努力の反映であろう。その意義を認めたうえで、会見の内容に孕まれる問題点にいくつか触れておきたい。そこには、『世界』誌の問題というより、報告をする人自体が体現している問題もあるだろう。

東京都知事を勤めていた美濃部《みのべ》亮吉《りょうきち》は一九七一年一〇月から一一月にかけて北朝鮮を三週間の日程で訪問している。二度にわたって金日成と会見し、その記録は『世界』七二年二月号に「金日成首相会見記」と題して掲載されている。「四十余年間マルクス経済学を勉強し［…］それ故に社会主義者であり、社会主義の実現を理想とする人間」であると自己規定する美濃部は、「資本主義と社会主義との競争では、平壌の現状を見るだけで、その結論は明らかです。われわれ［訪朝メンバー］は、資本主義の負けが明らかであると話し合いました」と金日成に語る。美濃部が訪朝したのは、北朝鮮の経済建設が比較的順調にいっているとの報告がなされている時期であるとはいえ、入国後わずか五日目の会見における発言であることを考えると、この判断がどのように導き出されたのか、いささか不思議に思える。

国内反対派の存在をめぐって、こんな問答がある。美濃部が、日本の状況を「平和勢力と戦争勢力との対立」という枠組みで説明したことを受けての発言である。

金首相　わが国は、社会主義国です。わが国の人民は、八・一五解放後二十年の間、民主主義的で社会主義的な教育を受けており、社会主義制度を熱烈に擁護しているので日本のように複雑な状況にはおかれていません。しかし反対するひとが全くいないとは思いません。世の中にそういう例はありません（笑）。

美濃部　わたしには、反対者が全くいないように思われます。いくらか反対者はいるのですか？

金首相　それはわかりません。

別の箇所で金日成は、こうも語っている。

金首相　ここには反動分子はほとんどいません。わが国で反動分子がいなくなったのは、かれらをみな監獄に入れたからではありません。反動分子は戦争の時にその一部が南朝鮮へ逃げました。南朝鮮に反動分子がよりあつまってわれわれに反対しています。

「反対者が全くいない」社会のあり方について、美濃部は皮肉をまじえて聞いているのではない。肯定的に聞いているようだ。それに答える金が、政敵の粛清に明け暮れていた史実はすでにかなり明らかにされている時代である。たとえば、金日成を指導者とする満州パルチザン派を革命運動の正統派として誇大に確立するために、朝鮮戦争中の一九五二年、国内派＝南朝鮮労働党の朴憲永《パクホニヨン》、李承燁《リスンヨプ》や詩人、林和《イムファ》を米国のスパイとして処刑する過程は、すでに知られており、日本では松本清張《まつもとせいちょう》が、この一件を北朝鮮の裁判史料に基づいて『北の詩人』（中央公論社、一九六四年）で描いた。松本が依拠した史料と描き方の当否はともかく、朝鮮労働党における、粛清を伴った熾烈《しれつ》な党内闘争史を、まったく知る由もなかった時代ではない。また、北朝鮮国家と労働党の成立史に大きな影響を与えたソビエト社会主義連邦における、スターリン時代の大粛清の史実も、次第に明るみに出ていた。「敵のスパイ」として政敵を次々と狙い撃ちする方法が、ソ連指導部のそれを踏襲していることは、おのずと明らかであった。「反対派が存在しない」のではなく「存在し得ない」のだということがよく知られる時代になっていたのだから、この問答は、いささか間の抜けた響きをもってしまう。客人＝美濃部に過大なことを期待するのは筋違いかもしれないが、少なくとも金日成のこの種の物言いは、事実を知る者には呆気《あっけ》にとられる内容である。

美濃部とほぼ同じ時期に北朝鮮を訪問した人物に、カナダ人ジャーナリスト、マーク・ゲイン（Mark Gayn）がいる。敗戦直後の日本の世相を描いて大ベストセラーとなった『ニッポン日記』の著者である。彼の訪朝記は、「私は「労働者の国」北朝鮮をこう見た　①・②・③」（『週刊朝日』一九七二年一一月一〇日号、一一月一七日号、一一月二四日号）と「教祖金日成の朝鮮」（『諸君！』一九七三年一月号）のふたつが翻訳・紹介されている。

マーク・ゲインは書いている。「信じがたい政治機構を別にしても、この国には称賛すべきことは確かに多い。「明るい朝の国」として知られるこの国は、国民の技能、工業発展、社会福祉といった点で、多くのアジア非共産諸国より進んでいる。もっと開放的なシステムを持ったとすれば、共産圏の中のモデル国ともなりうるだろう。だが、私の印象では、今の段階でそうした冒険をやる用意はないようだ」「千四百万の国民を持つ北朝鮮は、中小国の一つかもしれない。西側諸国からは承認されず、国連加盟もできないし、共産圏の国々からさえ冷たく扱われている。アルバニア以上に、当然の権利や自由が無視されている国である。だが、北朝鮮が強固で有能な指導者を持ち、経済発展を進め、力強くとぎすましたようなナショナリズムの国であることも事実なのである。」（「私は「労働者の国」北朝鮮をこう見た③」）

この表現でわかるように、マーク・ゲインは、きわめて冷静に対象国の現実を眺めている。そのうえで、鋭い観察眼を示す。個人崇拝の徹底が図られていること、金銭で買えるものが少ないので北朝鮮では金銭の意味がほとんどないこと、特権的な「新上流階級」層が形成されていること、外交官や記者の行動にも厳しい制限が課せられていること――美濃部の楽観的な観察とは対照的な姿が、次々と描き出される。幼稚園、学校、協同農場、デパートなどさまざまな場所を訪問するマーク・ゲインは、歓迎してくれる人びととそのふるまいが、きわめて人為的に作り出されたものであることも見抜く。隣接した裏側には決まって、あまりに対照的な光景があるのだ。着飾った子どもと普段着の子ども、おもちゃを持つ子と持たない子、品物が詰まった売り場と何もない売り場。つねに前者は見せられ、後者は隠される。「北朝鮮は光と影、虚像と実像の国」だという述懐はそこから生まれる（「教祖金日成の朝鮮」）。全体として読めば、いたずらに共鳴的でもなければ、中傷の意図も感じられず、むしろ矛盾も困難もかかえて、しかし健気に苦闘する北朝鮮のありのままの姿を報告したものと読むことができる。

このマーク・ゲインの報告を厳しい口調で批判したのが、やはり同じ時期の訪朝者で、未来社編集長（当時）の松本昌次《まつもとまさつぐ》である。松本は一九七二年と七三年の二回にわたって北朝鮮を訪問し、帰国後小冊子『未来』に訪朝記を連載した。それをまとめて刊行したのが『朝鮮の旅』（すずさわ書店、一九七五年）である。松本は「マーク・ゲイン批判」という特別の章を設けて、その報告は偏見と誹謗と中傷に満ちていると断定している。松本が、日本が行なった植民地支配の過去を思い、いまだ国交回復もできていない国との間に、どのような新しい関係を築くことができるのかという問題意識にあふれていることは、もちろん、わかり、その思いには私も共感する。だが、このマーク・ゲイン批判は、ジャーナリストとしてのマーク・ゲインのごくふつうの言葉遣いや視点にも感情的に反発しており、逆に、松本にも見えたはずの、北朝鮮社会が抱える問題点を見えなくさせているように思える。もちろん、対象の社会に批判すべき点を見つけ出すのが大事なのではない。対象への過大な期待や思い込みに寄りかかることなく、また植民地支配や戦争に関わる国家レベルの清算が済んでいないからといって、個人として言うべきことも言わない遠慮した関係に陥ることなく、対等の関係を確立することが大切なのだ。

松本の最初の訪朝も、後で触れる安江の第一回目の北朝鮮訪問も、一九七二年である。この年、金日成は生誕六〇周年を迎えた。四月一五日、金日成の誕生日以降、彼の名に冠せられる枕詞《まくらことば》は果てしないものになる。「絶世の愛国者であり、民族の英雄であり、百戦百勝の鋼鉄の霊将であり、国際共産主義運動と労働運動の卓越した指導者の一人である敬愛する首領金日成同志」「民族の太陽であり、不世出の英雄であり、人類の英才である朝鮮人民の敬愛する首領金日成同志」「民族のさん然たる太陽として、革命の偉大な首領として、つねに敬慕してやまないわが人民のいつくしみの深い父である敬愛する首領金日成元帥」（玉城素『朝鮮民主主義人民共和国の神話と現実』コリア評論社、一九七八年、三三〜三四頁）。このような表現が常態化している社会にあっては、外部からの観察者・旅行者は、何かを感じとらないわけにはいかないだろう。

政治家の美濃部、ジャーナリストのマーク・ゲイン、編集者の松本（しかも勤務先の未来社は、『金日成著作集』全六巻を刊行中の時期である）では、それぞれ北朝鮮側の受け入れ部局も違い、処遇も異なっていたにちがいない。だが見聞にここまでの相違が見られると、やはり、人は対象と向き合うに、心理的な要素に左右されてくるものかと思えてくる。マーク・ゲインは、カナダ人ジャーナリストとして、朝鮮に対する植民地支配や戦争の禍根を持たない国からやってきて、精神的な自由さをもって見聞している。美濃部と松本は、その意味では禍根を持つ（しかも、いまだその根を自力で絶つことができないでいる）国からやってきて、当然にももっている贖罪《しょくざい》意識が、何事かを見えなくさせ、何事をも言わなくさせているというように。これは、私自身が試行錯誤を続けてきている問題領域だけに、手放さずに考え続けたいと思う。

＊

さて、安江自身による金日成会見記がはじめて掲載されたのは、『世界』一九七二年一二月号である。問答形式ではなく、金日成ひとりが延々と語り続ける会見記であるが、そのスタイルはその後も一貫している。安江は「まえがき」で、次のように述べている。「日本人の朝鮮観が決して主体的に形成されているものとはいえず、そのために、日朝交流に積極的な人たちの中に「北朝鮮は百パーセント素晴らしいが、南は真暗闇だ」という言い方をする傾向があると私が説明したことに対して、[金日成]首相が「片寄ることはよくありません」として発言した」。安江は、問題のありかに十分に自覚的であることを確認しておきたい。

『世界』一九七九年一月号掲載の「朝鮮の統一と国際情勢」でも、八五年八月号掲載の「解放40年を迎えて」でも、安江は質問事項を事前に提出し、それに金日成が答える形でまとめられているために、上出来の対話を読むときに読者が本来もちうる臨場感が希薄である。前者では後半の一部は即興の問答形式になってはいるが、問題のありかは変わらない。「記録の整理と翻訳には北朝鮮側があたり、題名と小見出しは安江による」とのただし書きがある。語り手の立場ももちろん尊重されなければならないが、編集権の観点からすれば、きわめて自主性の薄い状況でなされた会見記録であると言える。全体を読み、安江がこだわった諸点に私が異論をもつわけではない。植民地支配が清算されていない、政府間交流がない、日本政府は韓国軍事政権との結びつきを強め、北朝鮮を敵視している、それらに「国民世論」が異を唱えない――この現状に即して、安江が質問事項を練り上げたであろうことに、疑いはない。だがそのスタイルの制約もあって、金日成会見記はあまりに突っ込みの浅いものとなって終わっている。それは『世界』誌側の編集権にすら立ち入る形でしか会見を許さなかった北朝鮮側の態度にも由来している。

語る金日成は、悠揚迫らぬ大人《たいじん》のごとき風格を演出しているかに見える。安江にしても、美濃部にしても、実際に会った人びとも、そのように金日成を描き出す。

私は、今回の文章を書くために、さまざまな文献資料に当たったが、その中で思わず溜《た》め息をつく記事に出会った。知る人ぞ知る、旧知のことなのかもしれないが、私ははじめて目にした。一九八五年一月六日付『朝日新聞』の連載記事「85年の世界④　緊張は解けるか」は、南北朝鮮関係を採り上げ、田中良和《たなかよしかず》記者が書いている。記事は、韓国と米国で一二年間にわたって極秘にされてきた「秘密速記録」の一部内容を明かしている。

一九七二年、韓国と朝鮮民主主義人民共和国は統一をめざす南北共同声明を発表した。激しい政治的・軍事的対立を続けてきた両国関係の劇的な変化は、世界に衝撃を与えた。共同声明を準備するために、韓国中央情報部（KCIA）部長・李厚洛《イフラク》は休戦ラインを越え、平壌へ飛んで金日成らと会談した。一二年間封印されてきたのは、そのときの会話記録である。同年五月四日の第一回で、金日成は言ったという。（　）内も記事のとおり。

「朴（正煕）大統領にお話しして下さい。あの、何事件といったか、青瓦台《チョンワデ》事件（六八年一月の北のゲリラ三十一人による韓国大統領官邸襲撃事件）だったか、あれは朴大統領に大変すまない事件だった。この問題については全的にわが内部で生じた左傾妄動分子たちがしでかしたことであって、決して私の意思や党の意思ではない。あの時、われわれも知らなかった。保衛部（現在の人民武力部）の参謀長も偵察局長もみんな罷免され、今は別の仕事をしています」。李厚洛は「その問題は十分にうかがいました」と答えている。

「あの、何事件といったか、青瓦台事件だったか」と、口調まで起こしているので、正確を期した起こし方なのだろう。私は、この口調に、いささかの皮肉をこめて言えば、ある「人間味」を感じる。金日成は、もちろん、この事件の指揮系統を熟知している。自分の責任も免れるものではないことを自覚している。しかも、韓国と交渉し統一の大義を実現するためには、最高責任者として何らかの形で、大統領官邸を襲撃しようとしたこの事件に触れなくてはならない。そこで、「あの、何事件といったか」と意識的にしらを切った口調で、自分は当事者でもなかったので事件の名もよく覚えていないが、という演出をほどこしたのである。

息子の金正日も、二〇〇二年九月一七日、日本人拉致事件に関して「七〇～八〇年代初めまで、特殊機関の一部が妄動主義、英雄主義に走ってこういうことを行なった。特殊機関で日本語の学習ができるようにするためと、日本人の身分を利用して南に入るためだと思う」と述べた。ふたりの場合は、絶対的な権力を自らが享受しているだけに、それらの作戦行動を知らなかったはずはないと推測できるが、他に責任を転嫁して、そのように語っている。

『世界』掲載の金日成会見記に感じる物足りなさは、金の語りを整理し、組み立て、書き直すという作業が北朝鮮側の理論家によって完璧に行なわれているために、問答のなかでならちょっとした言葉遣いでポロリと見せてしまうこともある弱みや人間味が、すっかり消えてなくなっているところにある。代わって演出されるのは、不動の大人《たいじん》＝金日成である。金日成が死亡した後に、安江と武者小路公秀《むしやこうじきんひで》は「朝鮮を見る眼と日本　金日成主席の死をどう受けとめたか」（『世界』一九九四年九月号）と題する対談を行なっているが、ここでもこの神話化は貫徹されている。歴代の韓国軍事政権に対する厳しい告発と批判を続けた『世界』誌のもうひとつの顔を知る者からすれば、同誌はやはり一貫して金日成体制の評価が甘かったと思える。そう考えるのは、ある意図をもって『世界』批判を展開している人びとばかりではあり得ない。

「税金全廃」策は手放しで讃美できる政策なのか

佐藤勝巳は『わが体験的朝鮮問題』において、小田実《おだまこと》の北朝鮮訪問記についての詳しい書評を行なっている。このころの小田の訪朝記には二著があって、ひとつは『私と朝鮮』（筑摩書房、一九七七年）であり、ふたつめは『「北朝鮮」の人びと』（潮出版社、一九七八年）である。佐藤がここで書評の対象としているのは前著のみである。佐藤がこの本を執筆していたのは、一九七八年ころである。このころ、佐藤はまだ、北朝鮮社会に対しても、小田実に対しても、ひたすら悪感情をぶつけるのではなく、冷静に、客観的に見つめようとしており、小田本の書評を通しての、すぐれた北朝鮮論になっている。

私が、小田実の北朝鮮本に触れたのは、稲垣《いながき》武《たけし》の『「悪魔祓《ばら》い」の戦後史』（文藝春秋、一九九四年）を読んでからであった。刊行後一七、八年を経てからである。稲垣の本は、戦後進歩派および左翼知識人の社会主義「幻想」を底意地悪く嘲笑したもので、ソ連社会主義体制崩壊直後の社会・思想状況を如実に反映した本である。稲垣はそこで、小田の北朝鮮論が、金日成讃美《さんび》に終始している本だとして取り上げていたのである。大急ぎで読んだ『私と朝鮮』に、私は複雑な読後感を抱いた。小田が「北朝鮮―その現実と思想」の章で書いているところから推測すると、彼は当然にも、日本で刊行されているかなり多くの北朝鮮紀行・論に目を通してから、北朝鮮訪問の旅に出ている。また小田が行き先を告げると、周囲の人びとが、複雑な反応を示したことにも触れている。それは、北朝鮮における自由、民主主義、個人崇拝などのテーマに関わって、かなりの情報が人びとの間に蓄積されていた段階であることを物語っている。多くの人がすでに引用した箇所だが、私もこの本の特徴がもっともよく表われているものとして、以下の部分を引こう。

「[…]日本の人びとのくらしがもつ品物と設備なら基本的にはかねそなえていると言っていいくらしだ。まず、ゼイタクにではないがかなりゆたかにメシが食えることがあって、そこにはテレビや冷蔵庫などがあって、たしかにテレビのできばえは日本のテレビよりわるいが、あるいは、アパートの階段のつくりがいびつであるというような現象も往々にして見られたが、アパートは集中煖房《だんぼう》のオンドルをかねそなえていて、「家賃」は実質上なくて、月額百五十円から六百円ほどの「住宅使用料」を払うだけで、しかも、この「使用料」には電気代も水道代も入っている。

［…］彼らのくらしには私たち日本人のくらしにはないものがあって、それは、たとえば、私たちのなけなしのにくらべたら完全ということばを使っていいほどの社会保障だが、おかげで、彼らのくらしのなかでは、老後の心配がない、病気になったらどうしようという不安がない。学校はすべてタダだし［…］、失業がないものだから「生活不安」（カッコつきで書くのは、「家賃」と同様に、人びとに判らせるのに困った概念だからだった。ことに若い世代は、私がそういう話をすると何と言いたいのかとかいもく判らなかったらしくポカンとしていた）がない。いや、もうひとつ言って、彼らのくらしにはあの悪夢のごとき税金というものがまるっきりない。これは社会主義国をふくめて世界のほかの国にはまだどこにも見られないことなので特筆大書しておきたいが、そんなことを言えば、人びとのくらしの基本である食糧について「北朝鮮」がほとんど完全に自給できる国であることも述べておかなければならないだろう。」（同書二〇〜二一頁）

小田は出発前には、在日朝鮮総連の担当者と打ち合わせを行ない、彼が希望するいろいろな場所へ案内するよう要請している。北朝鮮へ入国してのちも、あそこへ行きたい、ここへ行きたいと言い出すと、案内してくれた、と報告している。いままでの北朝鮮観察者と違って、自分は、行きたいところ、会いたい人すべての希望が叶えられたから、『何でも見てやろう』（河出書房新社、一九六一年）以来の精神で、見たもの、聞いたことをありのままに書けば、それが北朝鮮報告になると思い、右のような記述がなされたり、日常品の物価が事細かく記されたりするのかもしれない。金日成は、日本の一作家に会うという「破格の待遇」すらしている。その陰に隠されていたであろう意図を、小田が勘ぐろうともしないで楽観的な訪朝記を書き連ねていることは解せない。

そして、少なからぬ人びとの疑問と批判をまねく「失業がない」「あの悪夢のごとき税金というものがまるっきりない」という文言が現われる。日本と北朝鮮の国家経済システムには違いがあるが、日本に暮らす私の収入は今も昔も大した金額ではないにせよ、税金に対して「悪夢のごとき」という感じをもったことがない。国家予算の支出項目については、軍事費を筆頭にして批判と不満をもつが、ある社会の成員として、直接税にせよ間接税にせよ、税金なしで財政運営が可能であると考えたことはない。その生活感覚からすると、税金を全廃した国（確かに、北朝鮮政府は一九七四年「税金全廃」を謳った）は、何らかのカラクリをもつだろうと、当然にも、推測する。そのカラクリを暴いてやろうという気持ちが起こる。歳入の大部分が「国営企業からの収入」で占められているとすれば、国営企業は原価をはるかに上回る製品価格を設定しなければならない。その皺《しわ》寄《よ》せが消費者に及ぶことは自明であり、（日本でもその後導入されることになる）消費税の税率が、北朝鮮ではきわめて高いものと推測される。それが、マーク・ゲインの言う「新上流階級」層から排除されている膨大な庶民層にとって、何を意味しているかも明らかだろう。

あの膨大な軍事力を支える財源は？　小田もまゆをひそめる金ぴかの金日成像を至るところに作り上げる資金は？　非生産的なマスゲームの練習と実習にあれほどの時間を割く経済的な余裕はどこから？　帰国したかつての在日朝鮮人が日本に残った家族・親族に、「金を送れ、物を送れ」としきりに言ってくるわけは？

これらの現実に、「税金全廃」政策を対照させれば、物事の本質は容易に見えたのではなかったか。

「税金全廃」などという法螺話《ほら》に基本的な疑問すらもたないまま叙述を続けたのは、小田らしからぬふるまいだと言える。小田は、先に引用した以外の場所でも、税金問題に触れている。「〔「北朝鮮」にあって、わが日本国にはたえてないものをあげていけば〕しめくくりは「税金がない」ということだろう。その途方もない、しかし考えてみるとまったくあたりまえのことがあるのは「北朝鮮」であって、わが日本国ではない。ほんとうにどうして国家に金など払う必要があるのだろう。「北朝鮮」という社会は、税金のことにかぎらず私たちがこれまでに万古不易《ばんこふえき》の真理のごとくわきまえていたことがらを、根本のところから疑わしめること多き社会で、その意味でたしかに「革命的な」社会だった」(同書一二九頁)。ここまでくると、小田の税金そのものの捉え方に問題は孕まれているように思える。いずれにせよ、この段階での、北朝鮮の税金問題については、玉城素監修『北朝鮮Q&A100』(亜紀書房、一九九二年)の「Q68　国家予算はどうなっているのでしょう？　税金が全廃されたそうですが？」(一四八〜一四九頁)と、関川夏央《せきかわなつお》が『退屈な迷宮「北朝鮮」とは何だったのか』(新潮社、一九九二年)の文庫版二五九〜二六一頁で行なっている分析に付け加えるものを、私はもたない。

小田はさらに事細かな観察を続けたうえで、全体として、北朝鮮は「くらしにじかにからむことがらにおいて」日本、米国、ヨーロッパ「より進んだ「先進国」だ」と結論づけた(同書二三一〜二三二頁)。小田が、一九七〇年代後半の時代状況の中では、まだまだ健在であった「第三世界」の一員として北朝鮮を位置づけ、その「自主」「自立」路線の意義を高く評価しようとした意図はわからないではない。その路線に対する共感が、北朝鮮におけるさまざまな試行錯誤的政策の評価を甘くしたように思える。

同じ問題意識で言うなら、私は、キューバ革命の初期に関して、その「自主」「自立」路線の意義を、日本の現実のなかでしっかりと受けとめるべきだとの立場に立ってきた。そこでは、少なくとも、官僚統制にさらされながらも、あるいは官僚統制を突き破っての、激しいイデオロギー論争が展開されていた。革命直後からキューバで刊行され始めた思想誌・経済理論誌・革命軍機関誌・文化芸術誌を読んでいれば、それを感じとることができた。社会主義建設の基本的動因は、物質的刺激によるべきか、精神的刺激によるべきか。社会主義的な新しい人間とは何か。芸術・文化表現の自由はどのように保証されるべきか。知識人の役割とは何か。第三世界と欧米先進世界の間にはどんな歴史的な関係が存在したか——それらをめぐって展開される論争・討論は、キューバが、一方ではソ連的な官僚社会主義の限界を打破して新しい社会主義のあり方を模索している場であり、他方では欧米帝国主義の積年の支配を打ち破って台頭する第三世界の象徴的存在でもあることを示していた。

その刺激的な日々も、一九六七年から六八年にかけての時期に、終わり始めた。諸論争の一方の担い手であったエルネスト・チェ・ゲバラが、一九六七年一〇月ボリビアのゲリラ戦に死んだからである。また翌年の一九六八年八月、ソ連・ワルシャワ条約合同軍がチェコスロヴァキアに侵略したことを、最高指導者フィデル・カストロが、苦渋に満ちてはいたが独特の論理で支持し、それ以来、キューバはソ連の路線にほぼ従い始めたからである。

論争があれば、克服すべきさまざまな困難を抱えながらも、その社会には動きがある。議会でも雑誌でも新聞でも社会一般でも、議論もなく論争もなく、ただひとりの個人の、ご託宣のような言葉ばかりが羅列されている社会で、外部からの観察者がその社会について何事かを肯定的に語るためには、何かに意識的に目をつぶることが必要になる。

社会主義社会、第三世界主義、進歩的・革新的知識人の言説などをめぐっては、こうして、私たちの戦後史はたくさんの歪《ゆが》みと過ちと逸脱に満ちている。その過失を衝くことで自己満足できるのなら、佐藤勝巳も稲垣武も、その他もろもろの論者たちも、これからも幸せな日々をおくることができるだろう。これを克服することに課題を見いだす者のためにこそ、過去をふりかえるこの作業は意味をもつだろう。

拉致検証論文の行方

岩波書店および『世界』を媒体にして北朝鮮に関わる発言を数多く行なってきた人物として、和田春樹を忘れるわけにはいかない。私個人にとっては、ロシア革命の研究を行なっていた時期の和田の著書を熱心に読み、多くを学んできただけに、ある懐かしさをこめて思い起こす対象である。その和田が「「日本人拉致疑惑」を検証する」上・下（『世界』二〇〇一年一～二月号、のち和田著『朝鮮有事を望むのか』彩流社、二〇〇二年、に加筆・訂正して所収）を書いた。世上言われている「拉致」なるものは、証言者の曖昧《あいまい》な説明と報道者の恣意《しい》的な情報処理によって組み立てられており、「七件一〇人」とまとめて括《くく》ることの危険性を指摘した論文である。私は、和田は何事かを決意して、ここまで踏み込んだな、と思った。なぜなら、それまで私が読んできた情報・証言からすれば、北朝鮮による拉致疑惑を否定することはほとんど無理だろうと思えるほどの材料が積み重ねられていたからである。和田は、もしかして、文献資料にのみ基づいて行なった自分の「検証」が結果的に間違うかもしれないことを自覚しつつ、外交交渉の場での解決を図るためには、「拉致」ではなく「行方不明者」として北朝鮮に捜索を求めるしかないという、「現実的な」立場に身をおいて発言したのではないか。私はこの文章を「勇気ある論文」と評して、次のように書いた。「拉致事件解明キャンペーンが、民族排外主義的なものとして展開される可能性を少しでも断ち切ろうとする強い意志が、この検証論文からは感じられる。行方不明者の家族の心配は想像するにあまりあるが、自他を冷静に見つめるこの視点なくして、他者との関わりで生起している問題を解決する術はない。このような立場はまた、北朝鮮における絶対的支配の頂点に立つ金正日の政策や、今回の金正男《キムジョンナム》の振る舞い［金正日の長男らしき男が、偽造旅券で日本への入国を図った事件］に対する、暗黙の批判にもなりうるものであろう」（『派兵CHECK』第一〇三号、二〇〇一年四月）。

私は、和田が検証の結果導いた結論が間違うだろうと予測していたのだから、ここで書いた考えには甘さがあった、と今にして思う。何人もの日本人が北朝鮮に拉致されたと主張している人びとは、何かにつけて和田を敵対視しているのだから、もし和田の考えが間違っていて、たしかに北朝鮮が拉致の張本人であることがわかった場合には、和田に対する批判はもちろんのこと、民族排外主義的なキャンペーンは、強まりこそすれ弱まることはない、と捉えるべきであった。

和田は、日本が最小限軍事力を保有することを認める「平和基本法」の提唱者になったり（『世界』一九九三年四月号）、アジア諸国の従軍慰安婦に対して国家賠償ではなく「国民基金」で償いをするという方針に賛成してその理事になったりしていた。私自身はその考えと立場に反対だったが、和田が旧社会党を含んだ政権が成立しているこの時期を逸しては、国家レベルの事業はいつ実現できるかわからない迷路に踏み込んでしまう、最良のものではないとしても、この機を活用してやれるだけのことはやるべきだとの考えから、あえて政府レベル・国家レベルでの発想に身をおくという選択をしているのだろうと、その覚悟のほどを客観的に理解していた。拉致検証論文も、その延長上にあるのだろうと思った。

果たして、二〇〇二年九月一七日、金正日は北朝鮮特務機関による拉致を認め、謝罪した。結果が明白に出た以上は、和田は自らの分析の誤りを読者に率直に認め、検証過程で「憶測だ」「推測だ」と批判した研究者やジャーナリストに真意を伝えることが必要ではないか、と傍からは見ていた。和田の反応は、私の予想を超えた、あるいは覆した。九月一七日の金正日の告白後、和田がおおやけにした最初の文章と思われる「日朝関係を考える」（『朝日新聞』一〇月七日付）において、和田は書いた。「横田めぐみさんについては、私は、「目撃した」という安明進証言《アンミョンジン》に疑問を呈し、「拉致されたと断定するだけの根拠は存在しない」、「拉致されたかもしれないという疑惑が生じうるという以上の主張は導き出せない」と述べてきた者である。証拠が提示できなければ行方不明者として調査を求め続けるほかないと考えてきた。その横田さんも拉致されており、娘さんを残して死んでいるという。実に無惨《むざん》である」。続けて「非常体制下に社会主義国家が見せる暴力性は知られている」とする一般論に移っていく。幾人もの証言者や報道者の言い分を、「奇妙」「創作」「見てきたようなフィクション」と決めつけ批判して成り立った自分の「検証」のほうが間違っていたという、痛切な気持ちが伝わってこない調子の文章であった。

ほぼ同時期に書かれたものと思われる『世界』二〇〇二年一一月号掲載の「北のペレストロイカは成功するか」でも、和田は、金正日の言明は「衝撃的な告白であり、謝罪であった」とか「権力犯罪の結果のむごさ」とは書くが、自分が一年半前に行なった「検証」がこの歴史の審判に耐えられるものではなかったことについての省察は、いっさいない。私は佐藤勝巳でも萩原《はぎわら》遼《りょう》でもないから、「敵失」を確認してここぞとばかりに聞き苦しい言葉で和田を論難する立場に、自分をおいているのではない。ロシア革命のすぐれた研究者であった和田春樹の、歴史家としての出処進退に、「まさか！」と目が眩むような思いをしているのである。

私は（二〇〇二年）九月一七日以降、次々と開かれていた「拉致」問題をめぐる講演会や集会にできるかぎり出かけ、講演者や参加者の考えに耳を傾けた。この問題は、日本社会の今後に大きな、決定的とも言える影響力をもつかもしれない。その影響は、私からすれば望ましくない方向、つまり民族排外主義的な道をたどる可能性が強いと予感し、今後どうすべきかを考えたいと思ったのだ。右のふたつの和田の文章を読んで間もなく、和田がある集会で話すという案内を見た。「朝鮮女性と連帯する日本婦人連絡会」主催の集会「いま問いなおす　日朝国交正常化　隣人としての日本と朝鮮、真の和解と平和をもとめて」（一一月二日、東京・文京区）であった。大半が女性で、一五〇人以上の人びとが集まった会場では、朝鮮語が飛び交い、在日朝鮮人の参加者が多いようだった。人びとは緊迫感をもって和田の話に聞き入った。和田は「拉致」問題について自らが言ってきたことを自己批評することもないままに、九月一七日以降起きている事態を逐一整理することに重点を置いた話をした。決定的に間違った話をしているわけではない。どこか、他人事のように聞こえる物言いが問題なのだ、と思った。質疑応答のときの、一在日朝鮮人女性の言葉が心に残った。「日本社会における、いわれなき差別や抑圧の中で、在日としての主体的な誇りをもって生きてきた。ずうっと日本社会に裏切られ、今度は朝鮮からも裏切られ、世界観・価値観がぐらついた。見ようとすれば見ることができたのに、矛盾に目を閉ざしていた自分。北がわるい、総連がわるい、ではなく、自分がわるい」。心に響くのは、それが主体的な問いかけだからだ。

ロシア史研究者、藤井《ふじい》一行《いっこう》は、「和田春樹氏の「拉致疑惑検証」を検証する」と題する論文を「二〇〇二年一一月八日脱稿」と末尾に記して、自らのホームページ（http://www.ifujii.com/）で公開した。「敬愛するロシア史研究者、和田春樹」が、『文藝春秋』誌二〇〇二年一一月号に石井英夫（『産経新聞』「産経抄」執筆者）が書いた「親朝派知識人、無反省妄言録」で批判されているのを見て、拉致問題に関わる和田の発言を自分の目で確かめたいと思い、ふだんは読む習慣のない同誌を読んだのだという。『文藝春秋』誌をふだんは読まない藤井と、日ごろから「愛読」している私だが、ことこの間の和田への疑問提起に関してはほぼ同じ印象をもっていると感じた。一連の文章を読みながら思い出したことまで同じだった。藤井と同じく私は学生時代に、ロシア革命研究の先駆者、菊地《きくち》昌典《まさのり》の『ロシア革命』（中公新書、一九六七年）に対する和田の厳しい批判を読んだ。すでに『ロシア農奴解放の研究　ツァーリズムの危機とブルジョア的改革』（御茶の水書房、一九六四年）や『歴史としてのスターリン時代』（盛田書店、一九六六年）などの著書で、刮目《かつもく》すべきロシア研究の地平を切り開いていた菊地が、ロシア革命五〇周年を記念して刊行した著書は、事実誤認や資料の誤読と誤訳にまみれた内容のものであって、「書かれるべきでなく、出版されるべきではない書物である」と和田は断定した（『ロシア研究』第一六号、一九六七年）。同じくロシア革命研究者、長尾《ながお》久《ひさし》も徹底的な菊地批判を行なった。私は、信頼してきた菊地の著書が、厳しい批判にさらされていることに戸惑った。そして和田たちが、私には即検証することのできない史料に基づいて行なっている菊地批判と、私なりに考える余地のある歴史的事態の解釈をめぐって行なっている批判の両方の意味を摑《つか》もうと思い、菊地の著書と和田たちの批判論文を繰り返し読んだ。若かったから、その思いは必死だったように記憶している。そして、菊地の研究態度は好きだったが、今回の仕事については和田たちの批判が正しいのだろうな、と思った。菊地もその批判を認めたのか、同書はすぐ絶版にされた。私はその後何のテーマにせよ専門研究者としての道を歩むことはなかったが、「研究というものは厳しいものだな。でも、もちろん、これがいいのだろうな」というくっきりとした印象をもった。若かった私に、そこまでの思いを残してくれた和田だけに、拉致問題検証をめぐる彼の態度はきわめて不可解に思える。

なお和田は藤井論文に対する反論を、自分のホームページに掲げている（http://www.wadaharuki.com/f-ref.html）。

＊

解せなさは、なお続く。和田は二〇〇三年一月、朝鮮史研究家、高崎宗司との共編で『北朝鮮本をどう読むか』（明石書店）を出版した。数年前から共同研究してきたものが、ちょうど「拉致」問題の全面的な社会化の時機に投じて刊行されたものらしい。この間刊行されてきた北朝鮮をテーマとする本の性格を概括し、とりわけ一五冊の本については、それぞれの担当者が批判的な論評をほどこしたものである。編者ふたりは総論も書いている。全体として、苦くても辛くても、汲《く》み取るべき点を評価したうえで批判すべき論点に触れるのでなければ、意味をなさない作業である。だが、全体を通して、腰が引けた、枝葉末節な問題点の指摘が多く、しかも自らを顧みることが少ないところが、私がこの本全体に感じる最大の不満点・問題点である。

　和田は萩原遼について「いくつものペンネーム、いくつもの人生」と題する文章を書いている。まるで『週刊新潮』か『週刊文春』の見出しにでもあるかのような、思わせぶりなタイトルである。萩原の現在の言動を思えば、私も厳しい批判を彼に対してもつ（その点は、続く「六」で触れる）。だが、和田の批判の仕方はおかしい。「文藝春秋社の書き手萩原遼は、過去にいくつものペンネームをもっていた。この人はペンネームを変えるように、人生を変えてきたのである」などという導入部の書き方をする。特権的な地位にいるのでないかぎり、さまざまに「変える」ことを強いられる人生を、人は生きる。文藝春秋という私的資本に依拠して生きているかもしれない萩原を、国立大学教授として公的資本、および岩波書店の書き手としてこの私的資本（経営体としては文藝春秋と等価である）に依拠して生きてきた和田が、悪《あ》し様《ざま》に言い得る倫理の水準というものはない。他者の生き方と言論を批判しうる方法は、別な場所にある。萩原のいかがわしさを、いかにもという方法で演出する和田のやり方には、一貫して東大教授であり、いまも名誉教授であり続けている自らの特権性に無自覚な者に特有の、嫌味をすら感じる。いったい和田はいつから、批判すべきと考える他者に関して、このようなネガティヴ・キャンペーンを展開して恥じないようになったのだろうか。萩原の著書『朝鮮戦

争 金日成とマッカーサーの陰謀』（文藝春秋、一九九三年）に対する、歴史的事実の追究とその解釈に即した批判の有効性をすら疑わしめるような「効果」を生み出してしまう叙述である。

思えば、和田の一九九四年段階の発言に、私は大きな驚きを感じたことがある。

「私は、基本的に存在したものが現実的だったと思っています。結局いろいろな努力はありましたが、これまで経てきた歴史は結局はなるようになった歴史だった。戦後の日本に与えられた現実的枠組みの中心は政権が親米で、革新野党が反米でバランスをとるという以外の選択はなかったのではないかと考えます。」（「討論　大転換期　私たちの進路「戦後革新　総括と展望」」高畠《たかばたけ》通敏《みちとし》・山口《やまぐち》二郎《じろう》との座談会における発言、『臨時増刊世界』一九九四年四月、二三七頁）

「いろいろな努力はあったが」「歴史は結局なるようになった歴史だった」と語るしかない歴史家は、今後どうするつもりなのだろう、と私は思った。和田のこのニヒリズムが、「拉致」問題をめぐって歴史家とは思えないような言動とふるまいを導いているのではないか。いずれにせよ、和田は、朝鮮の歴史問題についても、日朝・日韓関係についても、いつも逃げることなく発言を続けてきた稀有《けう》な人物である。「拉致」問題という、救う会や拉致議連などに巣食う最悪の日本ナショナリストたちと対峙《たいじ》しなければならない懸案での和田の躓《つまず》きは、本人の思いと意図を超えた作用を果たしてしまっているように思える。

＊

なお先に触れた『世界』誌は二〇〇三年二月号に「朝鮮問題に関する本誌の報道について」と題する編集部の文章を掲載している。拉致問題一色と化した報道攻勢の中で、「これまで日朝の正常化のために力を砕いてきた政治家、政党、組織、言論などが、あたかも「北朝鮮の手先」であるかのごとく攻撃されている」(二六〇頁)事態を憂い、自らが行なってきた北朝鮮報道のあり方を、とりわけ過去の過程を知らない若い読者のためにふりかえったものである。

ここで述べられている日朝関係の歴史的な把握の方法に異論はない。だが、「これまで日朝の正常化のために力を砕いてきた政治家、政党、組織、言論」という表現自体が、もはや成立していないだろう。そのような人びとの中にも存在した間違いや不十分さや拉致問題への無関心さが指摘されているのである。一般論の中に逃げ込むわけにはいかない、という状況認識こそが重要なのだ。また「本誌は韓国の民主化に注目して、北の民主化、人権に注目しないのか？　バランスを欠いているのではないか？」とは、しばしば聞く疑問だとしたうえで、「しかし、バランスを欠いているのは、むしろ現実のほうである」と切り返していることにも、うなずくことはできない。これでは、自らを問うと見せかけて、問題を客観的な状況にずらして答えたつもりになっているからである。「バランスを欠いた現実」の指摘は、ここでなされているように行なわれてよい。しかし、それでは、先の件に自問自答したことにはならない。相変わらず、「北に対する批判や疑問を提示するためにこそ、まず第一に、政府が「関係」をつくらなければならないと考える」(二六五頁)との、それ自体は間違っているわけではない原則的な立場を言うばかりである。

北朝鮮指導部が採用してきた内外政策のいくつもの過ちは、誰の目にも明らかになっている。『世界』誌を「北朝鮮の手先」だとする者たちは、金正日らの明白な過ちを「活用」して、それを指摘すらしない進歩派・革新派のあり方について、過剰な言語を操っている。そのためには、歴史の歪曲も、誇大な表現を弄《もてあそ》ぶことも辞さない連中だが、彼らがこの大衆社会の中でもっている基盤は、金日成＝金正日のお陰で、意外にも強い。彼らが私たちを引きずり込もうとしている（彼らに有利な）場所を遠く離れてたたかうことはできないのに、『世界』誌はなお、自分に有利な場所をのみ求めているように見える。同誌が、和田春樹の拉致検証論文を掲載したことは先に触れた。そこで検証されたものとはまったく逆の結果が判明した後に書かれたこの文章でも、編集部としての事後的な考えにはいっさい触れていないことにも、それは現われている。

6、悪扇動を行なう者たちの群れ——ナショナリストの北朝鮮論

二〇〇二年九月一七日付『毎日新聞』夕刊「特集ワイド」欄には、作家・五木寛之《いつきひろゆき》のインタビュー記事が載った。「平壌で終戦を迎えた」五木と共に「心の奥の「日朝問題」」を考えるという趣向の記事であった。日朝首脳会談が行なわれる日の夕刊に載ったこの記事を、私は、会談の内容を伝えるテレビ・ニュースを観てから読んだ。夜、日朝首脳会談において金正日が拉致問題に関して行なった発言を聞いて、深い衝撃を受けていた。拉致そのこと自体については、やはりそうだったか、という思い以上のものはなかった。当事者と家族が深い悲しみと憤りをみせるのは当然だと思いつつ、これを機にこの社会に、民族主義的・国家主義的な情念が噴出するであろう、と暗い予感がした。テレビをそのまま見続けることができず、こころを落ち着かせるために、いくつかの活字を読んだ。そのうちのひとつが五木の記事だった（取材者＝鈴木琢磨《すずきたくま》）。

この年に出版された五木のエッセイ集『運命の足音』（幻冬舎）は、一九四五年八月、日本の敗戦の直前に平壌にも侵攻してきたソ連軍兵士に家を襲われ、寝ていた母がソ連軍兵士の軍靴に踏み躙《にじ》られて、その後まもなく死亡した事実をはじめて明らかにした。五七年経ってはじめてその事実を書き表わすことで、「私の心の戦後処理ができたという気がする」と五木は語っていた。

日本と北朝鮮の両国間には政治上の「戦後処理」が残っており、そのために今回の小泉訪朝が行なわれたのだが、五木はそれにはさして関心を示さず、ひたすら「心の戦後処理」を語る。植民地時代に持ち込まれて日本各地に点在している朝鮮からの掠奪《りゃくだつ》美術品をテーマにした自作「深夜美術館」にも触れており、興味をひかれて、この作品をその後入手して読んだ（『日ノ影村の一族』所収、文春文庫、一九八一年）。かなり通俗的な疑似恋愛小説の部分に母屋を取られ、テーマが廂《ひさし》と化している印象は否めないが、五木は「現在のわが国では、絶対にテレビ・ドラマなどでは再現できそうもない小説」と自負しており、一九七〇年代後半にこのような作品を生み出していた作家の思いは、遅ればせながらも、受け止めようと思った。

そして、最後に五木は語る。植民地時代、五木の父親は師範学校の教師をしていたので、その後金日成総合大学の教師になった教え子を通して北朝鮮から招待はあった。だが、「私は行かなかった。行く資格はない。懐かしいと言ってはならん、という立場ですから。なぜ、そういう体験になったか、原因をさかのぼれば、植民者として君臨していたということでしょ。大げさな歴史観ではなく。国と個人は別です。許す、許さないという話でもない。運命に翻弄《ほんろう》される人間の小ささ、はかなさをしみじみと感じることです。ため息をつくことです。思い出と一緒に生きるべきです。建設的ではありませんが、前を向く人が100人いたら、後ろを向く人が10人いないと、まずいですよ」。

五木が語っていることと位相は少し違うかもしれない。しかし、「前を向く人」「後ろを向く人」の比喩《ひゆ》は生きる。拉致問題をめぐる、これからの民族主義的な情念の噴出は「前を向く人」によって担われているかのように現象するだろう。その嵐の中で、「後ろを向く人」は一〇分の一に届くどころか、はるかに少ないだろう。私はそう覚悟した。

歴史的な「過去」と「現在」の間

翌朝九月一八日の朝刊各紙には、「日朝首脳会談　私はこう見る」式の談話がたくさん載った。何人もの人びとの意見を読みながら、もっとも複雑な思いを感じたのは、基本的には私の考えと遠くないと思われる、日本アジア関係史を専攻する田中宏《たなかひろし》の談話だった。

同じ日の『毎日新聞』で田中は言う。「拉致事件の被害者がいつ、どういう状況で亡くなったのかということが伝えられず、被害者の家族も記者会見で、詳細が分からないことに不満を述べていた。家族の立場として当然のことで、気持ちはよく分かる。しかし、第二次世界大戦中に日本に強制連行され、炭鉱などで働かされた朝鮮や中国などの人たちの遺族にとっても同じことだ。生死さえ判明しない人が多い［…］」

田中の本意を私は誤解しない。短い談話でもある。行間を読まなければならない。だが同時に、この「しかし」の用い方は、物議を醸すだろうと思った。「しかし」を使ったこの物言いは、その後も他の人びとからも何度も見聞きした。これは違うなという感じを私は当初から抑えることはできなかった。前段で触れた問題としっかり向き合うことなく、後段の事柄を強調するために「しかし」で転位を図ることへの違和感である。

果たして、さっそく反応は起こった。少し長くなるが、幾人かの意見を引いてみる。国際政治学者・神谷不二《かみやふじ》は書いた。「拉致事件やテロ、不審船などの北朝鮮の犯罪行為と、日本がかつて植民地化によって朝鮮に与えた損害を対置して、両者間にあたかもある種の相殺関係が存在するかのような発想をするむきが見受けられる。はなはだ不見識と評せざるをえない。／近代歴史学の祖といわれるランケは、「時代精神」なる概念を説いた。ある時代にはその時代固有の基本的価値観や物の考え方がある。［…］19世紀から20世紀初頭にかけては、植民地所有が先進国の追求すべき価値として広く認められた時代だった。しかし第2次世界大戦後、植民地所有を肯定する考えはすっかり影をひそめた。時代精神が大きく変わったのであった。／かつての植民地支配を現代の時代精神だけで裁断するのは、歴史評価の正しい態度ではなかろう。日本が植民地化について北朝鮮に謝意と反省を表するには、決してやぶさかでない。とはいえ、その不当性と、国家的犯罪性を徹底的に追及されねばならぬ拉致やテロ行為との間に、明確な質的相違があることだけは、はっきりと言っておきたい。」（二〇〇二年九月二〇日付『朝日新聞』夕刊）

作家・関川夏央が「朝日新聞紙面審議会」で行なった発言は、次のようにまとめられている。「［同紙］9月18日1面の政治部長の署名記事には「いかなる意味でも拉致は正当化できないが、そもそも日朝の不正常な関係は、北朝鮮ができる前、戦前、戦中の35年間にわたる日本による朝鮮半島の植民地支配に始まる」とある。しかし、歴史的問題と、平時にもかかわらず現在進行中のテロを並列させるのは見当違いだと思う。［…］北朝鮮は朝日新聞の論調を気にしている。朝日が北朝鮮に対して宥和《ゆうわ》的に書くと、先方はそれを日本の世論という環の弱い部分と見て、突破口に使う傾向がある。」（二〇月七日付『朝日新聞』朝刊）

作家・三浦朱門《みうらしゅもん》は言う。「[…]必ず問題になることがあるので、それを今から書いておきたい。それは「強制連行」問題である。おそらく反日的日本ジャーナリズムはこれを、拉致事件と同列に扱い、拉致事件は数十人、「強制連行」は数百万、と言うに決まっている。／私は「強制連行」なるものがあったことを疑っている。[…]台湾、朝鮮半島の出身者は当時は日本人だった。悪法といえども法である。日本国民として、彼らも徴用令に背けなかった。[…]／当時、果たして徴用の他に「強制連行」なる制度があっただろうか。徴用令があれば、同じ日本人だったのだから、労働力を徴用して、全国どこのいかなる職種に配属させることも合法的だった。「強制連行」の必要はなかった。[…]／徴用は合法だったが、拉致は国際法的にも、金将軍が謝罪したのだから、北朝鮮でも合法的なことではない。してみると、拉致事件と「強制連行」を同列に論ずることは間違っている。敗戦直前の日本は主婦以外、兵士と労働者だけだった。全国民が軍か生産施設のどちらかに、「強制連行」されていたのである。」(一〇月一七日付『産経新聞』)。同種の意見は、それこそ枚挙《まいきょ》にいとまがない。

神谷などのような物言いは、この十数年、何回となく見聞きしている。あまりにも無責任・無惨な発言なので何度でも触れるが、評論家・松本健一《まつもとけんいち》と精神分析学者・岸田秀《きしだしゅう》は、一九九二年韓国の旧日本軍慰安婦の人びとが国家補償を求めて提訴したときに、次のように語っている(岸田秀・松本健一「謝罪する国民と謝罪しない国民」『諸君!』一九九二年四月号)。

「[天皇も歴代首相も謝っているのに]これ以上、なにが問題なんだと、日本人の中に韓国に対するフラストレーションがたまっているという感じがします。[…]そのうち度重なる謝罪に日本人は耐えきれなくなって「止むを得ず」韓国に対する怒りが爆発する。かつて昭和一六年一二月八日に、止むを得ずアメリカに対して大東亜戦争を始めた心理の道筋に似てくるんじゃないかと思います」（松本）「その危険性はありますね」（岸田）「当時は、朝鮮人も日本人だったわけで、日本が戦争を遂行するためには、兵士に慰安婦がついていたほうが兵士がよく戦う、あるいは現地住民に迷惑をかけないという判断があって、日本国民である彼女たちを使ったわけですね」（岸田）「五〇年前までは、帝国主義が圧倒的で、主権国家が自己を拡大し拡張するのは当然であるという感覚があったのだから」（松本）「そういう世界の中で全体の視野に立って考えるべきだ」（岸田）など、これらの台詞は、神谷や松本のような人間がいくたびも繰り返し語る「懐かしのメロディ」なのだ。

神谷や松本や三浦や岸田の口を大きくこじ開けて、答えさせたいものだ。「時代精神」なるものや「自己を拡大し拡張するのは当然であるという感覚」は、いつからいつまでの時代に、世界のどの地域に、いかなる原理によって、通用したものなのか、と。その「時代精神」や「当然の感覚」の犠牲にされた者はいなかったのか、と。その犠牲者がいた場合、その人びとの中では、君たちがあからさまに肯定してやまない「時代精神」や「当然の感覚」はどんな位置を占めるのか、と。

もし世界の一部地域にそれを謳歌する者がいて、その反対の極には、その一部地域の者たちが謳歌した「時代精神」や「当然であるという感覚」の犠牲にさらされた者がいた場合に、後世における歴史の総括はいかになされるべきなのか。松本たちは、歴史をさかのぼって総括だ、謝罪だ、というのでは、世界は収拾のつかない混乱に陥ってしまう、と悲鳴をあげている。しかし、植民地化された地域の民衆は、その時点で「収拾のつかない」事態に見舞われたのではなかったか。時に土地を奪われ、殺され、家族・友人と散りぢりにされる「連行」や「徴用」を強いられたのではなかったか。北朝鮮の場合は、そのような仕打ちを行なった側は、その支配に終止符が打たれてから実に五七年ものあいだ、賠償や補償を行なうどころか、国交正常化の努力をすら惜しんできたのではなかったか。他者の存在を意識さえすれば、即座に崩れ落ちるしかない自己中心的な論理を、この連中は恥じらいもなく弄んでいるのである。

三浦朱門ほか多くの人びとが言っている「韓国併合は合法だった」という言い草も同断であることは、この文章の「四」で触れた、植民地化に至る歴史過程を顧みるなら明らかだろう。

関川は、朝日新聞政治部長が陥った「しかし」の論理展開の陥穽《かんせい》を衝いた。この論理展開の方法も正されなければならない一方、関川にしても、いまだ何の解決もみていない歴史的過去が目の前にあるときに、単に時制の問題として「過去」と「現在」を区別立てしようとすべきではないだろう。何の解決もなされていないことによって、「現在」であり続けている「過去」は、歴史の問題としてはあり得るのだ。「拉致」問題の根源的な解決を日本社会として北朝鮮政府に要求するときには、当然にも、日本社会は未決の植民地支配問題の解決を自らの課題としなければならない。ふたつの問題は、(発生の根拠においてではなく)解決を図るためには、相互に関連していると捉えるのは、当たり前のことである。それを認めたくない関川は「平時にもかかわらず現在進行中のテロ」という表現を使う。この言葉の背中には「戦時であればこそ当為としての、過去の強制連行や徴用」や「過去としての植民地支配」という言葉が貼りついている。「平時にもかかわらず」日本による大韓帝国占領の準備は着々と進められ、やがてそれは植民地支配として完成し、三六年後にその支配は終わった。だがその後五七年間の長きにわたって、いっさいの清算がなされていないことによって、植民地支配責任は「継続の意味を示す現在完了」の状態に留まっていること。それが、日本と南北朝鮮の、二一世紀初頭における関係性の本質である。

私は、関川の『ソウルの練習問題　異文化への透視ノート』（情報センター出版局、一九八四年）や『海峡を越えたホームラン　祖国という名の異文化』（双葉社、一九八四年）『退屈な迷宮』（前出）などの、韓国・朝鮮に関わる著作を大事な仕事として読んできた。著者の考えの基本的な部分には批判も違和感もかなりあるが、少なくとも私は、この皮肉な観察者の視線を、ある時代の福田恆存《ふくだつねあり》や江藤淳《えとうじゅん》のような存在として、大事に意識しておこうと思ってきた。福田や江藤を、その「反動性」においてのみ捉える、左翼と進歩派にありがちな政治的な切り捨てが、批評の貧困を招くばかりか、左翼が痩《や》せ細っていく根拠であると考えるからだ。

関川が、ＮＫ会（ノースコリア研究会）の名で惠谷治《えやおさむ》などと組んで編集した『北朝鮮軍、動く　米韓日中を恫喝《どうかつ》する瀬戸際作戦』（ネスコ、発売文藝春秋、一九九六年）や『金正日の哄笑《こうしょう》　南北は本当に和解したのか』（光文社、二〇〇〇年）などの本は、そのような思いから私を次第に引き剝がす作用を果たしてきていた。そこで見せる、荒れた文章を書き散らす扇動家＝関川の貌《かお》つきは、文芸時評を書き、マンガ・ストーリーの書き手として谷口ジローと組んで『「坊っちゃん」の時代』（双葉社、一九八七〜九七年）などを創造する、練り上げられた文章の書き手＝関川の貌《かお》とは、ますます乖離《かいり》してゆくばかりだ。

私の内面での、関川の位置の変化は、内村剛介《うちむらごうすけ》のそれといくらか似通っている。内村はスターリン監獄からの帰還後、小児科医にして在野のロシア革命研究者、松田道雄《まつだみちお》の誘いで文章を書き始めた。

まず『生き急ぐ　スターリン獄の日本人』（三省堂、一九六七年）なるスターリン監獄論で私たちに衝撃を与え、その後もロシア・ソビエト文学論、スターリン時代論などを軸に、幅広いテーマに関わる論考を発表し続けた。一筋縄ではいかぬ独特の論理を、彼以外のものではあり得ない独自の文体で展開する彼の表現を、私は好んだ。だが、かつて魅了された内村の世界から、私が離れたのには、明確な分岐点があった。「スターリン憎し、ソビエト式共産主義憎し」とも言うべき内村の心情は、その著書『ロシア無頼』（高木書房、一九八〇年）を転換点に、「ある晴れた日に、ロシア共産主義無頼工学の手におちる私たちの姿をリアルに描けば」などと称し、「迫りくるロシアの侵略」を前に「日本危うし」と呼号するに至ったのである。関川が『北朝鮮軍、動く』の「あとがき」に書く言葉を使えば「憂国の念」の噴出である。「近隣に存在する、邪悪な指導者を戴《いただ》く国家が攻めてくるかもしれないから」という脅しの論理で、内国の民衆（関川が愛好する表現を使うなら「知識的な大衆」と呼んでもいい）を情念的に組織しようとするのは、あるべき思想でも政治でもなく、ためにするナショナリズムの悪扇動でしかない。とくにそれが、かつての植民地帝国＝日本を、過去の清算もないままに救い出す論理として提出されるときには。

　関川は「金王朝五十四年の罪業」（『文藝春秋』二〇〇二年一一月号）において、その憂国主義の行き着く先を示した。九月一七日の金正日の告白を聞いたときに日本政府が取るべきであった態度に関して、関川は、偶然出会って話を聞いたという日下公人《くさかきみんど》の言葉に共感を示す。「［日下は］戦争ではなく強硬な外交の手段として保障占領という手段があるが、約束の履行を見届けるまで自衛艦が北朝鮮の港湾を封鎖することを考えてもよかった、とつづけた。この場合の港湾とは、スパイ工作船の日本海側の基地・清津である。そしてそのうえで、平壌宣言に署名をせずに帰ってくれば大成功だった、と彼はいうのである。／まことにもっともな言い方だと私は思う。軍事力を背景とする強い意志なしの外交は弱いのである」。だが、軍事力を行使することは「残念ながら日本にはいまのところ望めない。経済力と道義とを武器とするほかはない」。

江華条約以降の、近代日本の砲艦外交が朝鮮との間にいかなる関係を作り上げたかを恥とともに知っている者には、決して口にできる言葉ではないだろう。そんな人物が「道義を武器とするほかはない」などと言うのである。

ここに私がその文言を引用した人びとは、北朝鮮による拉致の被害者当人でもなければ、その家族でもない。直接的な被害者や家族である場合には、自らを襲った不条理で、人為的な出来事の責任をまっすぐに追及すべき道が開かれていよう。だが、引用した人びとは、そうではない。本来ならば、北朝鮮と日本の真の和解のためには、双方ともにどんな過程が必要なのかを、歴史的な視点で語るべき人びとなのだ。それを行なわず、もっとも安易な大衆扇動の道を選んだその先には、何が待ち受けているのか。私たちは、そのことをさらに暴かなければならぬ。

「経済協力」の本質への無自覚

共産党機関紙『赤旗』元平壌特派員、萩原遼も、拉致問題をめぐって雑誌・新聞メディアにはよく登場する人物である。

いつだったか、書店でふと手にした一冊の本があった。萩原遼『ソウルと平壌』（大月書店、一九八九年）である。大韓航空機爆破事件（一九八七年一一月）の実行者であることを自白した金賢《キムヒョン》姫《ヒ》がいかなる人物であるかをめぐって、その直後には大量の報道がなされた。萩原は、かつて共産党機関紙『赤旗』特派員として平壌に駐在していたときに、北朝鮮を訪問した韓国政府代表に飛行場で花束を差し出した少女のひとりが幼いころの金賢姫だとして、「証拠写真」を提供した。日本、韓国、北朝鮮をまたに掛けて、「うそだ」「ほんものだ」の論争が巻き起こった。その萩原の名にひかれて、その本を買った。著者紹介の欄で、渋谷仙太郎《しぶやせんたろう》も井出愚樹《いでぐじゅ》も、萩原の一時期のペンネームであったことを知った。一九七〇年代初頭から半ばにかけて、韓国の詩人、金芝河《キムジハ》の作品を熱心に紹介した人物に、朝鮮語のすぐれた読み手、渋谷仙太郎や井出愚樹がいた。韓国の現代詩や戯曲が同時代に翻訳・紹介されることなど、きわめて例外的なことだったから、恩恵に与《あずか》った翻訳者ふたりの名前は、長いこと忘れがたく、いまに至るも記憶に残っている。

萩原のこの本は韓国訪問記と北朝鮮における記者生活記の二部から成るが、後者からは北朝鮮の現実がいろいろな角度から見えてきて、参考になった。とくに、ベネズエラ共産党員で詩人のアリ・ラメダを萩原が知っており、平壌に駐在していたラメダが北朝鮮当局にスパイ罪で逮捕・投獄されていた一件に触れていることに興味をひかれた。萩原はその後の著書『北朝鮮に消えた友と私の物語』（文藝春秋、一九九八年）でもラメダに触れているので、詳しくは同書に譲る。

ラメダが北朝鮮の監獄に入れられていたのは一九六七年から七四年までだった。七四年五月にアムネスティ・インターナショナルなどの働きかけで釈放され、平壌を離れた。そのころ私はラテンアメリカ諸国で放浪生活をしており、各地で買い求める現地の新聞に、北朝鮮の監獄から釈放されたばかりのベネズエラ人、ラメダに関する記事が相当数出ていた。それらの記事はスクラップしていたが、すでに手元から失われているので、いま再確認することはできない。だがラメダの証言を読み、名伏しがたい、暗澹《あんたん》たる気分におそわれたことはよく記憶している。スパイ罪で逮捕されるに至った経緯も、収容所での処遇の実態も、あまりに理不尽なものだったからである。ラメダは、北朝鮮からあまりに遠い地域出身の詩人だけに、直接的な利害関係があったとは考えにくい。その分、彼の証言は信頼に値するだろうというのが、私の考えだった。一九七〇年代は、「あふれ出る「日本人の物語」の陰で、誰が、どのように排除されてゆくのか」（本書第二章Ⅲ）で触れた気持ちと、当時の生活条件から、私が北朝鮮への関心をほぼ失っていた時期に相当する。その空白な心の中に、不条理な運命に見舞われた幽閉者＝ラメダに関する驚くべき情報だけが、ぽっかりと残ったのである。

萩原の本はその後も読み続けた。『朝鮮戦争　金日成とマッカーサーの陰謀』（文藝春秋、一九九三年）や『朝鮮と私　旅のノート』（文藝春秋、二〇〇〇年）などである。『朝鮮戦争』における資料の使い方をめぐって和田春樹は萩原批判を行なったが、それに対する反論の仕方などに、ずいぶんとファナティックで乱暴な論理と言葉遣いが目立つようになった。センセーショナリズムに堕し始めたのである。それと共に「日本は」とか「わが国は」を主語とする文章も目立つようになった。萩原は現在もなお日本共産党員であり続けているようだが、共産党が究極の地点で見せる排外主義的で民族主義的な傾向を、萩原個人も色濃く持っている。この点が、この人と私の別れ道だと思った。

その後、萩原が『週刊文春』や『文藝春秋』に書き継いでいる文章や、北朝鮮から韓国へ亡命した

「主体思想」の陰の書き手＝黄長燁《ファンジャンヨプ》の手記の翻訳などに、どんなタイトルが付されているかを思い起こせば、編集者・出版社側の意図だけに終わることなく、萩原がどんな場所に依拠して、その論を展開しているかはますますはっきりとしてくる（たとえば、黄長燁の手記の翻訳は『金正日への宣戦布告　黄長燁回顧録』『狂犬におびえるな　続・金正日への宣戦布告』などのタイトルで文藝春秋から出版されている）。

二〇〇二年九月一七日以後、萩原は主張する。

「拉致問題の処理がなされないままに国交正常化交渉などやるべきではない。［…］日朝国交が50年にわたって開かれなかった理由は、北朝鮮と米国が朝鮮戦争を休戦状態にして終結させず、今なお戦争状態にあるためだ。［…］軍事的に対立する一方の側に、ばく大な資金を与えれば対立を激化させるだけだ。小泉首相の軽挙を厳しく指摘したい」（『毎日新聞』九月一八日）。

「［小泉首相は］「貴重な人生を狂わせられた日本国民の運命を解決する」と称して平壌まで行ってまんまと北朝鮮と田中［外務省アジア大洋州局長・当時］にはめられ、拉致解決をそっちのけで多額の金を与える約束をした。その策謀を幇助《ほうじょ》した田中は売国奴と呼ばれて当然であろう」「日朝国交という両国国民の神聖な願いをもてあそんで自身の生き残りに利用した金正日の策謀に乗ってはならない」（「金正日にまた騙されるのか」『文藝春秋』二〇〇二年一一月号）。

かつて萩原は書いた。「［朝鮮・韓国の］人たちをこれ以上苦しめてはならない。そのためには、日本もまた問われねばならない。朝鮮半島に対しいまなにをしているのか、かつてなにをしてきたのかが。そしてなにをなすべきかが」（『ソウルと平壌』の「はじめに」）。それから一四年、日本と日本人を問う心は、もはや萩原から失われている。代わって、右翼然とした「売国奴」という言葉や、中身の検証もない「[国交は国民の]神聖な願い」などの空疎な言葉がちりばめられているばかりである。平壌宣言で謳われた「経済協力」について、萩原は「ばく大な資金を与える」とか「多額の金を与える約束」と書いて、あたかも日本がいわれなき温情を施すかのような表現をしている。植民地支配という国家犯罪を償うためになされるべき賠償が、その支配が終わって五七年の歳月を経ていまようやく緒につきかけたときに、それと明示されずに「経済協力」なる形で済まされようとしていることの問題点は何か。それは、金正日がその資金を利用して自らの基盤強化に使うかもしれないということではない。軍事力増強のための資金贈与になると心配することでもない。日本側が自ら戦後補償も行なう意志を明確にした、真剣なる国交回復交渉を行ない、北朝鮮が軍事優先主義を放棄するような東アジア情勢を相互に作り出すことが重要なのだ。むしろ、植民地支配の責任が明示されないままになされる「経済協力」は、日本人の歴史認識に何ら新しい価値転換ももたらさない。相も変わらず、萩原のような議論は続き、こうして一九六五年の日韓条約反対闘争の理論水準は、いまだ日本共産党員であるという萩原によって乗り越えられることはない。それこそが、この社会から見るべき問題の核心なのだ。

乗り越えるどころではない、萩原のごく最近の仕事は、名づけようのない異様な物書き、深田《ふかだ》祐介《ゆうすけ》との擬似的対話本『北朝鮮・狂気の正体　金王朝の謀略と崩壊の行方』（扶桑社、二〇〇三年）である。深田は、元日本航空海外駐在員として海外事情をよく知っていると思われているのか、文藝春秋などは「現代国際派作家」などと銘打って紹介する。だが、出所不明の「証言」を融通無碍《ゆうずうむげ》に繋ぎ合わせて「ルポルタージュ」なるものを作り上げることに長《た》け、現実の出来事を背景に、あるような／ないような冗漫な物語を書くことが自分の持ち場だと思っているらしい深田は、テーマを海外に求めれば求めるほど、それを貫く精神は、狭く日本および日本人に自閉する本質をもつ書き手である。本書でも、「全く証拠がないから何も言えないのですが」と言いつつ、北朝鮮と金正日の悪口を言うためになら、証拠もないままに何でも言ってしまう人間である。証拠がなくても、言ってしまえば勝ちさ！

いかにも現代日本の著述家らしくも、底の浅い情報に基づく分析を随所で繰り広げる深田との間で、馬が合った会話を楽しめる萩原は、初心を離れて、いったいどんな遠くまで行こうとしているのだろうか。

自分を風化させる時間の流れに抗い得るもの

この文章の中では、佐藤勝巳がそのときどきに語っている問題意識に即して、叙述を進めてきた。それは可能であり、また必要なことでもあった。佐藤が行なうふりかえり方を通して、朝鮮に関わるある時代の思想と運動の問題点が、確かに見えてきたからである。すでに何度か引用してきた佐藤の『わが体験的朝鮮問題』の後半部分は、小田実の北朝鮮紀行の検討を通して「共和国をみる目」をさらに研《みが》いている。金日成に対する個人崇拝が徹底化しているいくつもの例を挙げながら「アホらしい」と書く小田の記述が「特筆すべき事柄」なのは、従来の日本人の訪朝記には、誰が考えても当然すぎるこの程度の批判も疑問提起もなされてこなかったからだ、と佐藤は言う。そして主体思想の内実と形成過程を顧みながら、なぜこの無内容な「思想」が北朝鮮どころか「世界の革命運動を指導する思想」(佐藤によれば、一九七四年四月二二日付『労働新聞』の論説「レーニン生誕一〇四周年」以降見られる表現)とされるのか、自分にはさっぱり理解できない、と続ける。

だが、いつの世にも、「主人」を持って、それに付き従うことを無上の喜びとする人間はいる。左翼の世界も、変わりはない。安井郁《やすいかおる》は一九七七年九月平壌で開かれた「チュチェ思想国際討論会」で、戦後日本の原水爆禁止運動も日米安保反対の闘いも、社会主義をめざす闘いもすべて金日成が言う「自主性」を守る闘いであった、と説明する。安井といえば、ある時期の原水爆禁止運動を象徴する人物であり、幼かった私の記憶にも残る人物であるが、このような人物を傍に見ながら、佐藤の嫌気は一段と深まっていったように思える。

ほかにも、いくつか重要な指摘を佐藤はこの段階で行なっている。箇条書きでまとめてみる。

㈠ 金日成の言葉の中で頻繁に「主人」という表現が使われることへの疑問。「主人」に対応する人間の存在が前提されない限り意味をなさないが、人間の主従関係を指示するこの言葉に主体思想の本質があるのではないか、と佐藤は言う。

㈡ 一九七四年ごろから、金日成の「家系」を重視する「革命家家族」や、「チュチェ型のきれいな血」のように「血」を重んずる表現が見られ始めた。これも、「万世一系の」天皇制に通じる身分差別の思想である。これがマルクス・レーニン主義でありえようか。

㈢ 南北統一の阻害要因について、小田実や安江良介の見解は、韓国に厳しく、北朝鮮に甘い。金日成崇拝を前提とした北朝鮮の統一方針が、なぜ批判の対象とならないのだろうか。

(四) 日本人が在日朝鮮人の運動のあり方について発言すると、「日本人は朝鮮人のことに口を出すな」という反応がある。被差別者に対する批判も許さない「垂直の人間関係」を要求するこの動きは、「贖罪意識を媒介とする利用・被利用」の関係である。「部分的には並行関係が形成されつつあるが、全体状況からいえば、考えただけでも気が遠くなるような大変なことだ」。

私からすれば、いずれも十分に共感をもち得る捉え方である。社会運動の内部での「垂直の人間関係」に関わる問題意識などは、私のささやかな経験に照らしても、了解できる。同書の巻末に収録されたインタビューで、二〇年のあいだ朝鮮問題に関わってきた根拠を聞かれて、佐藤は答える。「基本的には好きなんだよ。苦しいのに二〇年もやるなんてことは、断じてないですよ。幻想であったり、間違いであったりしても、やはり何か充たされるものがないとだめじゃない。そういうものがあるんだろうね」。佐藤の人間味がわかる答え方である。一九七八年段階においては、佐藤は、いまなおふりかえるに値する論点を提起していたのだと言える。

その後一九八四年には『朝鮮研究』は『現代コリア』へ誌名を変え、佐藤が事務局長であった日本朝鮮研究所は八四年に現代コリア研究所に名称を変えた。そのような経過を経て、一九九一年に佐藤は『在日韓国・朝鮮人に問う』を出版する。「差別反対から差別文化の凝視へ」「なぜ差別反対運動を止めたか」「自分を採用しないから「就職差別」か」「本国と関係ない「民族的自覚」」「抑止力としての指紋押なつ」——目次から任意の字句を拾うだけで、佐藤が参加してきた在日朝鮮人および日本人の運動から離れていく過程が見えてくる。ここで佐藤は、在日朝鮮人の差別反対・権利獲得運動の中に現われた（と佐藤が捉える）逸脱・歪み・偏向・自己中心性などの具体的な例を挙げている。すべては佐藤の視点から説明されているが、確かにそのような現実はあったかもしれない。著名な在日朝鮮人文学者の自己矛盾に満ちた言動もあったかもしれない。しかし、あえて言えば、常にそれが現実というものであり、社会運動というものである。運動を自己の個人的な利益のために利用しようとする者もいる。権力欲の固まりのような奴もいる。運動内部に現われるそのような傾向とたたかい、それを矯正するのが基本的に重要なことだろうが、時に自らもその逸脱に加担して、あるいは率先してしまい、自他共に傷つくことすら起こる。それをどう克服するか、「取り返しがつかない」とすら思える失敗から、いかに立ち直るか。残念ながら、過ち多き人間集団の中では、それが永続的な課題となる。かつて社会運動の渦中にいた佐藤に、「幻想であったり、間違いであったりしても、やはり何か充たされるもの」があったのは、そのようなものとしての運動の本質を彼が知ったうえで、その中での関わりをもっていたからである。だが、嫌気がさし「運動を離れた」佐藤に歯止めはなくなった。同書「第一部　私の在日韓国・朝鮮人論」は、「指紋押なつ問題に寄せて」以外なら、まだしも読むことはできる。部分を全体に拡大して解釈しているという批判は成り立ち得るとしても。だが、「第二部　日韓緊張から和解への構想」の内容は支離滅裂である。「認識には過程がある」との言葉で、佐藤は、思想の変化を説明する。だが、ひたすら自らの人権意識を後退させ、日本は植民地支配責任を清算しなければならないという自覚を喪失した結果としての「第二部」の叙述は、他者の非ばかりをあげつらっているうちに、自らが拠《よ》って立つ基盤を喪失していく人間がたどった過程を明かしている。

佐藤は言う。「事実を重視し、責任回避をいさぎよしとしない日本人の価値観」。それにひきかえ、

「事実無根ないしは一面を誇張し、それを根拠に、自分たちを被害者（言外に没主体的と自認）と位置づけ、日本政府や日本人を「非難」するという［在日朝鮮人の多くの］思考は……」。

また、言う。「日本人の多くが共通してもっている価値観は、節度と調和を重視するものだ」。それにひきかえ、「［法的地位に関わる権利を］取れるときに取る」という「［在日朝鮮人の］行動様式は、日本的価値観と鋭く対立する」。

さらに、言う。「日本人の多くは、法律は守るもので破るものとは思っていない」。それにひきかえ、「民団がおこなった『権益運動に関する意識調査』によると」、民主的ルールを守ろうとする在日朝鮮人は過半数を超えていない。

こうして、何かにつけて、日本人と韓国・朝鮮人の文化の違いが強調される。ある民族の個別の例や現象を拡大解釈し、もっともらしい民族論・国民性論を展開した例は、佐藤ならずともいくつもある。私たちは次第に、そのような「論」に惑わされることはなくなってきている。それは、覗《のぞ》き見主義の文化人類学や単純明快なる人種差別主義（レイシズム）がもたらした災厄を克服するために、二〇世紀後半以降の人類がもち得た知恵の水準である。佐藤は、自らが規定した「日本人の特質」に自分が当てはまっているかどうか、検証してみればよい。

植民地支配の「事実を重視せず」、その「責任を回避することに全力を挙げている」のが、前掲書刊行の一九九一年以降の己ではないか。

北朝鮮指導部に対する聞き苦しい罵詈雑言に満ちた粗雑本を乱造している己は、「節度と調和を重視する日本人」の規範を外れていないのか。

核武装を主張し、北朝鮮に対する先制攻撃論をすら認めるのは、日本政府レベルですら口先では守るという「非核三原則」や憲法第九条との関係で何を意味するのか。それを「守る」のではなく「破る」ものではないのか。

＊

朝鮮・朝鮮人との新しい関係をうちたてるために、かつて真摯《しんし》な試行錯誤を行なっていた人物がいた。彼は、甘い北朝鮮論を書く進歩派知識人や左翼に対する先駆的な批判を行なった。金日成の主体思想に対しても、比較的早い段階で的確な疑問を提起していた。

その人物は、いま、もっとも醜悪な、反省なき植民地主義のイデオロギーをふりまいている。彼の、この現在の言論に付き合う必要は、まったくないだろう。反駁《はんばく》することも愚かで、虚しい水準の議論でしかない。

だが、佐藤の転位をもたらしたこの間に流れた時間（歳月）が、どんな中身のものであったかをふりかえる課題は、私たちの足元に残る。佐藤に固有のものとしてではなく、普遍化できる内容のものとして。目に見える貧しさは、少なくとも国境内部の、日常的な光景からは消えた。経済的な豊かさが私たちの社会を取り囲むにつれ、「社会主義」も「民族」も人びとの心の中で、魅力を失い始めた。それは、ちょうど、「社会主義」や「民族」の大義を言い立てる者たち自身の、耐えがたい愚行や失敗によって、それが価値を急速に失う過程と重なった。目を見開き、耳を澄ませば、世界にはまだ多くの〈悲惨〉があり〈単に、経済的な意味合いにおいてではなく〉、歴史にもまた、奪い返さなければならないものが多くある。人が、自分を急速に風化させる時間の流れに抗《あらが》い得るのは、そのような「世界」と「歴史」の現状へと立ち戻る、絶えざる意識化作業によって、である。

7、真の和解のために

彷徨う骨

① 松木《まつき》薫《かおる》。二〇〇二年九月一七日、北朝鮮当局が行なった報告に基づいた、日本政府調査団の要約には「一九八〇年、語学習得のためにスペインに滞在していた彼は、接触してきた北朝鮮工作員の勧めに応じて北朝鮮に入国、日本語教師の仕事に就いた。仕事を誠実に行ない、すべてにおいて慎重で思索的な人間で、受け持った仕事および生活両面においてそつがなかった。一九九六年八月二三日、革命史蹟の参観に自動車で行く途中、運転手の不注意による事故で死亡。事故調書はあるが、法的仕組みが整った時点で関連情報・書類について引き渡すことができる。遺骸《いがい》安置所は洪水被害で流されたが、その後遺骸が発見され、百パーセントの保証はないが、再火葬され、二〇〇二年八月三〇日にピョンヤンの共同墓地に安置された。遺骸の移動の年代、火葬状況から測定して、当人の遺骸に近いと判断した」とあり、遺骨は日本政府調査団に引き渡された。

二〇〇二年一一月一一日、日本政府調査団が持ち帰った松木薫の「遺骨」は、東京歯科大学講師で法人類学者・橋本正次《はしもとしょうじ》の鑑定によって、当人のものである可能性は「非常に低く」、複数の人間の骨が交じったものであると判定された。北朝鮮政府は「拉致」被害者の遺骨に対しても何といい加減で無礼なふるまいをするものかという非難が、当然のごとく、日本社会にはあふれた。

＊

② 二〇〇二年一一月二一日、札幌市中央区にある西本願寺札幌別院に、戦前・戦中に強制連行された朝鮮人と中国人の多数の遺骨が、人名・死亡月日・本籍・徴用先の日本企業名などが書かれた一〇二人の名簿と共に保管されていることがわかった。遺骨は保管の過程で合葬されており、一人ずつの識別はできない。遺骨はかつて一人分ずつ木箱に納められていたが、一部は一九八四年に、また二一人分は徴用先の企業である地崎工業（本社・札幌）の責任において一九九七年に、遺族の了解を得ることもなく合葬されていた。

同年一二月六日、西本願寺札幌別院責任者は記者会見を行ない、「遺骨を遺族に返す努力をせず、さらに合葬によって遺骨の個別性が失われたことをおわびする」と語り、自らが主体となって遺族の消息調査や遺骨の返還に努力することを明らかにした。

このニュースは、地元の『北海道新聞』が詳しく扱い、一一月二四日には「「人権」が問われている」と題する社説を掲げた。強制連行・戦後補償の問題が未解決であることは日本社会の責任であり、この社会ではいま「北朝鮮の拉致被害者の遺骨や墓地に対する非人道的な扱いに対し、非難が噴出している」が、「わが身も正さなければならない。今後、北朝鮮との交渉で、説得力を持つためにも、

郵 便 は が き

お手数ですが
切手をお貼り
ください。

102-0072
東京都千代田区飯田橋3-2-5
㈱ 現 代 書 館
「読者通信」係 行

ご購入ありがとうございました。この「読者通信」は
今後の刊行計画の参考とさせていただきたく存じます。

ご購入書店・Web サイト
書店 都道府県 市区町村
お名前《ふりがな》
〒 ご住所
TEL
Eメールアドレス
ご購読の新聞・雑誌等 特になし
よくご覧になる Web サイト 特になし

上記をすべてご記入いただいた読者の方に、毎月抽選で
5名の方に図書券500円分をプレゼントいたします。

お買い上げいただいた書籍のタイトル

本書のご感想及び、今後お読みになりたいテーマがありましたらお書きください。

本書をお買い上げになった動機（複数回答可）

1. 新聞・雑誌広告（　　　　　　　　）　2. 書評（　　　　　　　）
3. 人に勧められて　4. ＳＮＳ　5. 小社ＨＰ　6. 小社ＤＭ
7. 実物を書店で見て　8. テーマに興味　9. 著者に興味
10. タイトルに興味　11. 資料として
12. その他（　　　　　　　　　　　　　　　　　　）

ご記入いただいたご感想は「読者のご意見」として、 新聞等の広告媒体や小社Twitter 等に匿名でご紹介させていただく場合がございます。
※不可の場合のみ「いいえ」に○を付けてください。　　　　いいえ

小社書籍のご注文について（本を新たにご注文される場合のみ）

●下記の電話や FAX、小社 HP でご注文を承ります。なお、お近くの書店でも取り寄せることが可能です。

TEL：03-3221-1321　FAX：03-3262-5906
http://www.gendaishokan.co.jp/

ご協力ありがとうございました。
なお、ご記入いただいたデータは小社からのご案内やプレゼントをお送りする以外には絶対に使用いたしません。

札幌別院や朝鮮人労働者の徴用先だった企業はもとより、政府も誠心誠意、身元の確認や遺骨の返還に努力する必要がある」と論じた。

西本願寺はその後二〇〇三年二月四日、「戦争に協力した過去もある教団として、非戦や平和のためにできる限りのことを行う」との考えから、西本願寺の直属寺院として全国に四五ある別院に対し、朝鮮人とみられる遺骨や名簿など関連資料の有無について、詳細な報告を求めることにした（『北海道新聞』二〇〇三年二月五日付）。

＊

①と②は、それぞれ固有の悲劇であり、「交換」することも「相殺」することもできない。もはや抗議の声も発することのできない死者に代わって、近親者や友人が、遺骨がいまなお彷徨《さまよ》っていることの責任を追及し、せめてもその安置場所を求めるのは当然のことだと、誰もが思うだろう。

生きて帰国することのできた五人の「拉致」被害者についても、また北朝鮮当局の発表のとおりだとすればもしかして死亡してしまっているかもしれない人びとについても、そのような運命を強いた北朝鮮当局の責任追及と補償要求が、当事者か遺族によってなされるならば、同じことが言えよう。だが、いまこの社会にあふれているのは、①の責任については北朝鮮を徹底的に追及するが、②については頬かむりするという考え方である。しかもそれを、被害者や家族個人が行なうのではなく、日本社会が全体として行なうという考え方である。政府がその方針を堅持しており、マスメディアがそれを意識的に煽《あお》っている。他方、②の責任をとるための具体的な試行錯誤は、相変わらず社会に全体化することなく、一部民間の個人と集団によって担われている。

こうして、「植民地主義的思考」は、この社会の「現在」を規定しており、それは、理の当然として、相手との関係性をも規定していることになる。

「贖罪感からの解放」(?)

「北朝鮮による拉致」被害者家族連絡会のひとり、増元照明《ますもとてるあき》は、二〇〇二年一一月一〇日付の『朝日新聞』で次のように書いている。「金正日自身が拉致を認めて謝罪したことを踏まえて交渉が開かれた。ようやく日本は「過去の植民地支配の贖罪」という呪縛から放たれ、拉致問題解決に本気の姿勢で臨むことができた」

増元個人のこの表現には、日本社会全体の「空気」が反映されていると考えるのは、マスメディア報道のあり方とその後の政府の対北朝鮮政策を見た場合、不当なことではない。拉致問題が社会化されて以降、これをめぐる発言が目立つ在日朝鮮人作家、金石範は、この増元の発言について、「これは恐ろしい言葉だよ」と語っている（「日本人は歴史を忘れたのか」『情況』二〇〇三年一・二月号一四頁、情況出版）。何が「恐ろしい」のか？　年齢四七歳（二〇〇二年一一月現在）の増元が、すなわち自ら個人は与《あずか》り知らぬ過去のことでありながら、植民地支配に関わって「贖罪感」をもっていた、だが北朝鮮が日本人拉致事件を引き起こしてくれたことによって、その罪の意識という「呪縛」から「解放」されることができた、という内心を語っているからである。金石範は、ここで使われている「呪縛」（まじないをかけて動けないようにすること）とは「被害者意識の裏返し」であり「加害者であるのに被害者意識を持っている」と喝破《かっぱ》している。

増元照明の姉るみ子は一九七八年、鹿児島県吹上浜キャンプ場から特殊機関工作員が「語学養成のために拉致した」が、八一年心臓病により死亡したと北朝鮮が発表している。姉を語る増元照明の言葉は、読む者のこころをうたずにはおかない。諸政党、外務省、法務省、赤十字など、増元たちが問題を訴えた諸機関がまったく関心も示さず、かえって握り潰してきた場合も多いことを批判するその言葉（『ＳＰＡ！　特別編集ブックレット　メディアが黙殺した［拉致事件］25年間の封印を解く!!』、扶桑社、二〇〇二年、所収）を読めば、二〇年以上にわたった増元の絶望感の深さも、胸にこたえる。

その増元は、多くの人びとが、拉致事件と植民地支配の問題は相殺できない、と語っているなかで（私もそのひとりである）、両者が相殺できてしまったという「心理」あるいは「心情」を語っている。北朝鮮に拉致された姉をもつ増元は、何ものにも代えがたいその哀しみや苦しみの固有性を骨身に徹して理解しているはずだと思える。「「植民地支配の贖罪」という呪縛から放たれ」たと語ることは、被植民者の哀しみや苦しみの固有性を認めないことを意味するだけではない、自分自身のそれをも否定することに繋がるのだ。相殺の論理の「恐ろしさ」はそこにある。

ところで、相殺できない、と語る多くの人びとのなかには、三浦朱門もいれば、神谷不二もいる。西尾幹二もいれば、その他おおぜいがおり、私もいる。すでに見たように、語る結論は同じに見えても、その言葉に与えている実質的な意味は食い違っている。そのことを見逃すわけにはいかない。ふたつの出来事の責任は相殺できないということは、それぞれ固有にその責任が追及されなければならない、ということである。三浦朱門でもいい、西尾幹二でもいい、多くの論者が言外に言うのは、ちがう。拉致の責任のみを徹底的に追及せよ、ということである。

神谷不二は「日本が植民地化について北朝鮮に謝意と反省を表するには、やぶさかではない」と書くが、日本側が示すべき態度については「やぶさかではない」という、ずいぶんと消極的な言葉遣いをしている。実は「もの惜しみ」したいのであろう。増元が率直に語った相殺の「心理」を、これらの人びとは、本当は語りたいのだろう。何しろ、彼らの観点からすれば、ふたつの出来事の間には「現在」と「過去」の決定的な違いがあるから、論理基盤を衝かれても磐石《ばんじゃく》だ。目の前で火事や殺人事件が起こっているときに、五〇年前や六〇年前の殺人事件を持ち出すとは何事だ、という安直な比喩が用いられる。

拉致も植民地支配も、個人が起こした刑事事件でもなければ、火事のような事故でもない。具体的に他国の民衆の死や、人生の激変をもたらした、人為的な国家犯罪である。自国の民衆を、その非人道的な行為の担い手にしたという意味においても、許すことのできない国家の犯罪である。時代を異にして、悲劇的にも起きてしまったふたつの国家犯罪に関わる責任を問い、その解決を図ろうとするときに、両国がそれぞれ「切り札」として自分に都合の良い問題だけを差し出すのであれば、解決の時は遠のく。倫理的には、植民地支配体制崩壊後五八年間も、その責任を全うせずに、国交回復も怠ってきた日本側の責任が重い。同時に、拉致にしても、二四年の歳月が過ぎ去っている。いずれも

「現在にまで引き続く過去」の出来事として、双方が誠心誠意解決のための知恵を持ち寄るほかはない。

被害者、蓮池《はすいけ》薫《かおる》の兄、蓮池《はすいけ》透《とおる》は語っている。「北朝鮮が拉致問題に対して何の誠意も示さないのに、なぜ日本が先に低姿勢で食糧援助の要請に応じなければならないのか」（蓮池透『奪還　引き裂かれた二十四年』新潮社、二〇〇三年、一三三頁）。この論理では、北朝鮮側の次の論理に対抗できないだろう。「日本が植民地支配問題に対して、五八年間もの長いあいだ何の誠意も示さないのに、なぜ共和国が先に低姿勢で拉致問題解明の要請に応じなければならないのか」。

人の命をすら弄ぶ国家の論理とは、そういうものでしかない。日本政府も北朝鮮政府も、いまは、無責任きわまりない、この国家の論理の角突《つの》き合いを行なっている。両者は、せめても、「他者に要求することは、自らにも突きつける」という水準に達してはじめて、この困難な課題を解決する緒につくことができる。本来的に別個な問題であるふたつの出来事が出会うべき場所は、そこにしか、ない。重ねて言う。ふたつの出来事を出会わせてはならないと主張することは、日本の民衆が「植民地支配の贖罪感」から本質的に解放される時をさらに遅らせる。同時に、拉致行為の責任を金正日体制に実質的にとらせる時機をも遅らせる。

蓮池透はさらに語っている。「弟は北朝鮮に突然自由を奪われ拉致された。拉致は基本的人権侵害の極みだ。平和憲法を唱えている間にも日本人の人権は侵されている。憲法九条が足かせになっているなら由々しき問題だ」（二〇〇三年五月三日、「21世紀の日本と憲法」有識者懇談会主催の公開フォーラムにおける発言。於東京・千代田区。五月四日付『朝日新聞』『産経新聞』などによる）。

拉致が基本的人権侵害の最たるものだ、という趣旨に異論はない。だが、基本的人権が侵害されるに当たっては、憲法第九条が障害になっているかもしれないと主張するためには、論理的な媒介項が要る。それをしないのは、非論理的で、情緒的な悪扇動である。「平和憲法を唱えている間にも」日本が、経済・軍事・政治の分野で、他地域に生きる人びとの人権を侵すことはなかったか、という自問自答がなければ、「日本人の人権は侵されている」と主張することは公平さをもち得ない。つまり、自分が属する国家（社会）は常に正しく、悪なるものは常に外部に、すなわち外国（の社会）にしかない、という主張を、植民地支配と侵略戦争の現代史を主導的に生き抜いた国にあって行なうことには、歴史的かつ論理的な欺瞞《ぎまん》、あるいはよく言っても飛躍が要る。「政治や思想と関係なく、囚《とら》われた肉親を返してほしいという自然な感情で動いてきた」（『奪還』一五二頁）という蓮池透は、被害者である弟を「切り札」にして、政治・外交上の一国の政策に関わるすべてを語り始めているように見える。私たちは、被害者当人がいまだ何事も率直に話すことができない段階で、「家族」の名の下で語られる、代弁の物語をすべて受け入れることはないだろう。もはや、家族会の人びとの痛切な心情を尊重し、慮《おもんぱか》って、私たちが言葉を慎むべき段階は終わったと思う。なぜなら、個人としては当然の怒りが、この社会の政治・外交・軍事政策総体を、向かうべきではない方向へと突き動かす運動へ、それは転換しつつあるからである。明らかに社会的責任を問われるべき領域の発言にまで踏み込んでいるからである。

重なり合う怒りと哀しみ

韓国のフリー・ジャーナリスト、鄭銀淑《チョンウンスク》は二〇〇三年二月、『日本が知らない北朝鮮の素顔 韓国の目線で考える朝鮮半島と南北統一』（ふたばらいふ新書、双葉社）という著書を刊行した。北朝鮮を脱出した人、中国在住の朝鮮人、韓国からの非公式訪朝者―さまざまなタイプの人びとから、「拉致」「飢餓」「核」ばかりで尽きるわけではない北朝鮮の素顔を聞き出していて読み応えのある小さな本だ。「はじめに」に書かれた短い文書にどきっとする。

日本で北朝鮮に関する本の題名やテレビ報道のタイトルで使われているのは、「恐怖」「戦慄」「地獄」「飢餓」「悪魔」「驚愕」「疑惑」などばかりで、「私は言葉を失った。これは、あんまりではないだろうか」と彼女は言う。自分も「反共」の国是の中で生きてはきたが、政府レベルでも民間レベルでも南北交流は確実に深化し、同胞意識の芽生えもある。「日本でのあまりにもネガティブな北朝鮮報道にふれたとき、私は大いに傷つけられた。自分の中にある北朝鮮に対する複雑な思いを、一刀両断にされたような気がしたのだ」。「私たちには、同じ民族どうしで殺し合いをしたという悲しすぎる過去がある。だが、これからの南北関係を思うとき、そこには絶望や北の同胞に対する憐みなどの否定的な感情ばかりではなく、夢も現実的な希望も大いにあるのだということを、日本のみなさんにもわかってもらいたい」

ここには、半世紀以上も政治的・軍事的な対立状況にある北朝鮮を、韓国の人びと一般がいかに複雑な思いで見つめているかが語られている。それと対照的に、日本のメディアが、自らが設定した善悪の基準に拠って、どれほど単純に情報を垂れ流しているかが、問わず語りに明らかにされている。それは、すでに多くの人びとが気づき、抗議し、批判していることがらであり、私も随所で触れたのでここで屋上屋を架すこともないだろう。ただ一点にのみ触れておきたい。巨大メディアによって行なわれているこの扇情的な情報操作によって作り出される「雰囲気＝空気」は、そのまま放っておけば、いつか政治上の動きと接点をもつだろう。冒頭で触れたように、日本の首相は、米国のイラク攻撃をいち早く支持する記者会見で「日本に迫る脅威」に対抗するために、米国との同盟の必要性を強調した。これが、「過去の拉致事件」や「現在の核・ミサイル・不審船問題」を暗示しながら、北朝鮮の「脅威」を仄《ほの》めかしたものであることは、誰にとっても明らかである。

したがって日本では、「イラク危機」は「北朝鮮危機」と同じ意味合いで使われている。米国では、イラクは大量破壊兵器を隠し持っており、フセイン独裁体制はこれほどまでにひどいことを行なっているということに関して、虚実織り交ぜた大量の情報が、巨大なメディアを通じて、受け身の視聴者の脳髄に刻み込まれた。軍事攻撃に反対する人びとは、米国にも世界にもおおぜいいたが、米国政府はそれを無視し、基本的には右のような情報操作によって作り出された米国社会の「空気＝雰囲気」を背景に、イラクに対する侵略戦争に踏み切った。

いま日本では、北朝鮮が保有する兵器に関するニュースが途絶えることはない。金正日独裁体制の実態についての報道や証言も、掃いて捨てるほどある。実像なら、まだしも分析と批判の根拠にはなる。問題は、相互理解には何の役にも立たない、興味本位の情報だけが選択されて流されていることにある。虚像と実像の境界は見えなくなり、フセインに対してと同じように金正日に対しても、「あんな独裁者なら攻撃されても仕方ないか」という雰囲気が、歴史と論理の問題を飛び越えて、作られてしまう。報道内容の選択に関して社会的責任を必然的に伴っているメディアが、犬も食わぬ金正日のスキャンダル暴きにエネルギーとカネと時間を費やし、社会的責任を放棄している。時に憂い顔を、時にしたり顔をつくるアナウンサーやコメンテーターなる者たちが、スタジオを占拠して、客観的には「はしゃいでいる」ように見える。金正日ひとりに、北朝鮮二二〇〇万人の民衆を代表させてはいけない。

私たちが、日本と朝鮮の関係史をよく知り、見知っている在日朝鮮人の友人や（人によっては韓国や北朝鮮に持つ）権力者ではなく友人・知人の顔を思い浮かべ、また作家でも歌手でも俳優でもプロ・スポーツの選手でもいいが、遠くに知っている朝鮮の人びとを思い出し、その具体的な人の結びつきの中で、いま問題になっている植民地支配と拉致の問題を考えることができるなら、事態は変わるだろう。

自らのことは棚に上げて、金正日に対する罵詈雑言さえ言っていればいいと思っていた人は、恥ずかしくなって止めるだろう。日本の「過去」には目を瞑《つむ》っていれば、ほとぼりは冷めると思って傲慢な発言をしてきた人は、歴史の検証に耐えられないその自己中心的な考えに気がついて、新しい歴史観をもつだろう。拉致被害者とその家族は、自分たちが被った悲劇を社会に訴え、生存者の帰国・死者の遺骨の返還・責任者の処罰・補償などを北朝鮮政府に要求するときに、実は自分たちの国が、五八年後のいまなお、植民地化した北朝鮮の人びとに対して何事の責任も果たしてはいないことを痛感するだろう。それは、韓国の人びと、在日朝鮮人に対しても同じことだと思い当たるだろう。いまだ故国の親族と出会うこともできない無数の遺骨が、北海道や九州のどこかを彷徨っていることを知るだろう。そのような犯罪を犯した責任者の処罰も行なわれておらず、したがってその責任意識は社会全体に浸透しておらず、被害者に対する補償もなされていないことを、あらためて思い起こすだろう。自分たちの怒りと哀しみは、そのとき、多くの朝鮮人のそれと重なり合うことを実感するだろう。

「国家」という名の怪物が引き起こした悲劇的な事件に対して、「もう、たくさんだ！」と叫び、遅すぎたが、せめて今の段階での最善の「解決方法」を求める道は、そこにしか、ない。

第二章　あふれ出る「日本人の物語」から離れて（二〇〇二年一〇月〜二〇〇三年五月）

I 民族としての「朝鮮」が問題なのではない、「国家」の本質が顕わになったのだ
（二〇〇二年一〇月一三日）

北朝鮮の金日成＝金正日体制が、内政において、そして対外的な政策において、何を行なってきたかの真実が明らかにされる日がくるならば、それこそ世界は凍りつくだろう、震撼《しんかん》するだろうと考えてきた。

私がそう考えてきたからといって、北朝鮮支配体制の暗部をことさらに強調するばかりの、民族排外主義の色濃い暴露本に強い影響を受けているわけではない。それらもかなりの数を読んできてはおり、何をどこまで信じるかについて私なりの判断はそれぞれもっているが、もっと信頼するに足る資料はある。北朝鮮については資料が少なく、その社会の実態や政治の現実をどう解釈するかについては慎重でなければならない、とはよく見聞きしてきた言い分だが、それには賛成できない。いわゆる良心派なり左翼なりがそのように言う場合、それは、北朝鮮の歴史と現実について何事かを的確に判断し、率直に発言することを回避するための口実とされてきたように思える。

金日成の演説や論文や「現地指導」のあり方を伝える報道は、十分に資料たり得る。その水準から

すればいくつも読む必要はないだろう。

「わが党の唯一思想体系は、主体思想である。全党員を主体思想で堅く武装させ、全党に主体思想がみちあふれるようにしなければならない。党組織は主体思想教育を強化して、全党員が主体思想を確固とした信念として、主体思想の要求通りに思考し行動して、主体思想以外は、他のどのような思想も知らないという、確固たる立場と観念をもつようにしなければならない」（一九八〇年朝鮮労働党第六回大会報告）

漫画家のいしいひさいちは、金日成神話を作り上げた御用歴史家が手にする本に『一体全体主体正体』とのタイトルを付す細かい芸をある作品で見せたが（『週刊文春』二〇〇二年一〇月三日号「CNN（コミカル　ニュース　ネットワーク）」第四九一回）、当意即妙の風刺というべきだろう。金日成のこの発言の無内容さに驚く感性さえあれば、にもかかわらず、こんな言葉を吐く人物を対象として確立している個人崇拝の恐ろしさも知れようというものだ。

権力を移譲することにした息子が五〇歳の誕生日を迎えた一九九二年には、金日成は金正日にこんな詩を贈っている。

「白頭山頂正日峰、光明星誕五十周、皆賛す文武忠備えるを」

親子二代にわたって、自らが作り出しているこれほどまでの個人崇拝は、その過程で反対派への徹底的な弾圧を伴っているだろうというのは、合理的に推測できることである。この問題を知るうえでも、信頼しうる資料はある。

林隠《リンイン》『北朝鮮王朝成立秘史　金日成正伝』（自由社、一九八二年）は当然参照すべきとして、民族排外主義派の資料に頼ることはない。どちらかといえば、一時期は金日成体制に信頼を寄せ、日本による植民地支配への自己批判も込めて朝日友好運動に携わった人びとが、金体制の本質を知った段階で著したいくつかの書物がある。和田洋一《わだよういち》・林誠宏《リンソングワン》『「甘やかされた」朝鮮　金日成主義と日本』（三一書房、一九八二年）［林は在日朝鮮人として、かつての自分の考えと立場をふりかえっている］、磯谷季《いそがやすえ》次《じ》『良き日よ、来たれ　北朝鮮民主化への私の遺書』（花伝社、一九九一年）などである。槙村浩《まきむらひろし》論も著わす一方、朝鮮実学の意欲的な研究者でもある小川晴久《おがわはるひさ》も、一書をなしてはいないが、この一〇年間、折に触れて無視できない金体制批判を繰り返してきた。それは「北朝鮮との国交を一日も早く開き、日本側がすべき賠償を一日も早く支払うことと、北の民主化を希求することとは、決して矛盾しあうことではない」（磯谷『良き日よ、来たれ』序文）という立場からのものであった。

いわゆる外国人「拉致」問題に関しても、崔銀姫《チエウニ》・申相玉《シンサンオク》『闇からの谺《こだま》　北朝鮮の内幕』（池田書店、一九八八年、のち文春文庫）と金賢姫『いま、女として　金賢姫全告白』上・下（文藝春秋、一九九一年、のち文春文庫）を読むことができることになった以上、北朝鮮が国家として「誘拐・拉致・幽閉」行為を行なってきたことは、誰の目にも明らかになっていたと言える。ほかにも、朝鮮総連関係者や北朝鮮内部の重要な有力者で、金体制の批判者に転向した人びとの手になる証言の書も多い。そこには、転向者特有の誇張がありえたとしても、書かれていることすべてを事実に反すると否定することは、明らかに不可能であった。

手元から資料が失われているので、正確な引用ができないが、日本の、「篤実な」と形容すべき朝鮮近代史研究者のひとりは、「日本が朝鮮に対する植民地支配に関して、国家としての謝罪と賠償をいまだ行なっておらず、国交回復の意欲すら示さずに敵対している段階で、北朝鮮の体制について批判を行なうことはできない」という趣旨の考えを明らかにしたことがある。また「拉致」問題や「テポドン」「不審船」問題が浮上するたびに、これらを北朝鮮が行なったという明白な証拠がない以上、断定的に非難すべきではないとする考え方もつねにあった。それらはすべて、日本社会の、いかがわしい民族主義的な反北朝鮮の悪扇動に加担したくない／すべきではない、という意志に基づく選択であっただろう。私自身が同じような立場で考えていた時期もあり、その限りで、理解できなくはないものではあった。

だが私は、上の研究者が言うような立場が、金親子の無惨な独裁体制の延命に、国際政治のレベルで加担するものだと考えるようになった。「テポドン発射」事件なるものについても、きわめて抑圧的な民衆支配を行なっている北朝鮮の特権的な官僚・軍部の軍事的な跳ね上がりを歓迎しているのは、共和党支持勢力である米国の軍産複合体であり、両者の激烈な言葉の応酬の陰には、相互依存関係が見え隠れすること。しかも日本においては、このことで「北朝鮮の脅威」が煽られ、政府は安んじて日本の軍事化をいっそう推進することができたこと――という観点で捉えることが必要だと考えた。「拉致」などの国家犯罪については、民間の一個人・一組織がすべてを証拠立てて明らかにすることは不可能であり、その実在／不在を客観的に判断しうる地点があるはずだとも考えた。一九八七年の大韓航空機爆破事件は、明白に金正日の指示に基づいて行なわれたものであろうと私が確信したのは、金賢姫の自白を読むことによってだったが、それ以来私は上のような観点でいくつかの発言をしてきた。

九月一七日の朝日首脳会談において、金正日が日本人「拉致」事件について謝罪したことで、日本社会はその後延々と「拉致」一色の報道に染められている。「産経」「正論」「諸君!」「文春」「新潮」の主張が正しく、「朝日」「岩波」「社民」「共産」「進歩派」「市民派」の及び腰やあいまいさが決定的に間違っていたことが、これほど誰の目にもわかりやすく明らかになったことは、おそらくはじめてのことだ。この事態は、今後の日本社会の行方に大きな影響を及ぼすだろう。私たちは、総体として、北朝鮮の金日成＝金正日体制に対してとってきた発言と態度のツケを支払うことになるだろう。そのツケがどこまで膨れ上がるものなのか、誰にもわからない。

この間なされたさまざまな人びとの発言を注意深く読んだ。在日朝鮮人詩人・金時鐘《キムシジョン》のことばが忘れられない。首脳会談翌日の『毎日新聞』では「(金総書記の発言に)暗澹たる思いだ。同じ民族として本当に恥ずかしい」「(強制連行のことで、北朝鮮にも言い分があるだろうと考えていたが)もう言える筋合いではなくなった。[…]帳消ししてあまりある。戦前の日本と朝鮮半島の関係に、まず日本人が謙虚になってほしいという思いも吹っ飛んだ」と語る。歴史家、姜在彦も言う。「かつて朝鮮総連で活動した者として、また血を分けた同族として、本当に恥ずかしく思う」

植民地支配の歴史も、その償いに賠償も国交回復もしてこなかった自己を顧みることもないままに、日本社会に吹き荒れる「反北朝鮮」の悪扇動のひどさが、ふたりにこう言わせた一面があるのだろう。

そのことを自覚したうえで、私は次のように考える。民族としての「朝鮮」が問題なのでは、もちろん、ない。金正日の告白には「国家」の本質が顕れているだけだ。天皇裕仁《ひろひと》も、自らの絶対権力下でなされた朝鮮人強制連行＝拉致の責任もとらずに、「玉音放送」なる突然の告白を行ない、その後マッカーサーとの談合で延命した。金正日も、米国・日本との談合で、延命を図るだろう。私たちはそこに、植民地支配、侵略戦争、拉致などの国家犯罪が、行為主体が「国家」であるがゆえに免罪されてゆくという本質を見てとることが必要だ。

私たちが取り組むべき真の課題は、そこにこそ生じるのだ。

初出――第V期・反天皇制運動連絡会機関誌『PUNCH！』第二四号（二〇〇二年一〇月）

付記〔二〇〇三年五月三〇日〕

いしいひさいちは、『週刊文春』の同じ号の作品で、金正日総書記が日本政府の招きで来日するという架空のエピソードを題材にしている。日本側は警備上の問題に苦慮し、「プライドを食って生きている連中だ。メンツをつぶすわけにゃいかんし」と言っていた小泉首相は、金正日を迎えて「セレモニーなしで実務的な会談を優先したい」と言う。金が応じて言うのは「それにしてもさみしいところですね」という台詞だが、金、小泉ほか実務者と警備員総勢八人が立っているのは、北朝鮮工作員が秘密裡に上陸し人びとを連れ去ったと思しき北陸の、人里離れた闇夜の海岸であったという、これまた秀逸な風刺作である。だが、同誌一〇月三一日号掲載の作品は深刻な問題を孕んでいる。北朝鮮東海岸領海内という場所設定で、「日本の不審船」を発見した北朝鮮パトロール艦内部の混乱を描いた作品だが、司令官の台詞には何度も、朝鮮人にはふつう発音が難しいとされる言葉が、間違った発音のまま使われている。一九二三年の関東大震災に日本人は七千人に及ぶ朝鮮人を虐殺したが、このとき通りかかる人物が日本人か朝鮮人かを見分けるために、特定の言葉を発音させたという史実を知る者には、こころ穏やかではいられない作品である。一九五一年生まれのいしいひさいちの、この「無意識」が、おそらく、在日朝鮮人が語る日本社会の「恐ろしさ」につながるのだろう。『コリアン世界の旅』（講談社、一九九六年）の著者、野村進は「これでいいのか⁉ 北朝鮮報道「北朝鮮報道のあり方」を考える記者会見・討論会」（二〇〇二年一一月二一日、東京・参議院議員会館）において、いしいのこのマンガの問題性に触れたが、同じ想いを抱いていた私は、深く共感した。いしいひさいちのマンガでは、中国人や黒人が登場すると、本来の彼の作品がもつ「毒」が消え、日本社会の「俗情との結託」が露呈してくるように思える。

Ⅱ 産経式報道の洪水と、社会運動圏の沈黙の根拠を読む

（二〇〇二年一〇月一四日）

一〇月七日、東京・早稲田で開かれた「在日の子どもたちへの迫害を許さない！緊急集会」に参加した。九月一七日の朝日首脳会談で、金正日が日本人「拉致」問題について一定の事実を明らかにして以来、日本各地では在日朝鮮人（朝鮮籍、韓国籍、日本籍）、とりわけ朝鮮学校へ通う子どもたちへの暴行・脅迫などの迫害が急増しているが、これは北朝鮮政治指導部へ向かうべき非難を在日朝鮮人に向けようとするもので、許すことのできない人権侵害であり、在日朝鮮人は「共に生き、共に生かし合う」社会を作る友人であり協働者であることを訴えるために、六人の日本人が呼びかけた集会だった。日本人と在日朝鮮人がそれぞれ七〜八人ほどリレートークで訴えた。

どの発言にも、異論というほどのものはない。「在日の子どもたちへの迫害を許さない」という論点に絞るという主催者側の方針もあり、時間制限もあって十分には話すことができなかっただろう、とも思う。そのうえで、力点のおき方が違うなという思いが、日本人の発言にはままあった。金正日の告白が衝撃的なものであり、「拉致」が許されるものでないことには多くの人が触れるが、「だが」「そのうえで」「一方」などという接続詞風の言葉によって媒介させて、植民地時代の強制連行（＝拉致）・関東大震災時の朝鮮人虐殺・従軍慰安婦としての連行などの歴史的事実や、それに関わる賠償

責任が不履行であることにマスメディアがまったく触れないことのおかしさに論点を移してゆく。

この集会に限らず、さまざまな場での発言に感じることなのであえて触れるが、これでは、この期に及んでもなお北朝鮮＝共和国論が不在のままの論点移動なのだ。北朝鮮に関しては「拉致」問題をはじめとして、異常なまでの個人崇拝、独裁制と人権、民主化など、さまざまな観点から論じるべき問題があるが、なぜか、それらを論じることが社会運動圏ではほとんどなかった。ましてや、北朝鮮の政治体制に対する批判においてをや。かつての軍事独裁政権下の韓国に対する批判的関心の高さからすると、このギャップは著しい。いままでもそうであったが、金正日体制をめぐる情報がこれだけあふれている社会の只中にあるいまもなお、社会運動圏だけは静まりかえっているのだ。

そこで、この集会での発言にもあったように、「拉致をめぐって、これほどの事態は予想していなかった。歴史家として自己批判する」とか「（拉致の）明確な証拠はなく疑惑にすぎない」と主張してきた「私たちの事実認識が誤っていた」という程度の声が運動圏では聞こえてくることになる。自称「社会主義圏」体制に対する批判が控えられがちだというのは、二〇世紀以降の運動圏の世界的宿痾《しゅくあ》のようなものである。人民戦線に加担していた一九三六年のアンドレ・ジイドがソ連旅行の後で書いた『ソヴェト紀行』で、ソ連を称賛しつつ精神の自由の問題をめぐって辛辣《しんらつ》な批判を繰り広げた時に、ジイドは親ソ・親共の運動圏でも知識人の間でも孤立した。孤立に堪えてジイドは翌年『ソヴェト紀行修正』を著わし、「あるべき姿からいよいよ遠ざかりつつある」ソ連に対する批判を強めて運動圏を離れ、ひとりだけの道を歩んだ。

おそらく、北朝鮮の支配体制の問題をめぐって、日本の運動圏と「進歩的」ジャーナリズムにおいては、歴史が繰り返されたのである。たとえ擬制であろうと「社会主義」圏に対する批判は差し控える、どんなマイナスも見て見ぬふりをするという歴史が。そこに、植民地支配をめぐる謝罪・賠償総括を終えていない日本社会にあることの後ろめたさが心理的なはたらきをしていたことは明らかだろう。だが、運動圏のその脆弱《ぜいじゃく》さと、「拉致」問題をめぐって、「産経」「正論」「諸君!」レベルの言論が社会全体を席捲《せっけん》するという現在の情況を招いたことが無縁であるとは思えないのだ。

冒頭に触れた集会での在日朝鮮人の発言は胸にこたえた。

「衝撃だった。ヤバイことになったと思い、今までとは違う恐怖を味わった。石原発言以降いつまで日本に生きていけるだろうと思っているが、あらためて自分の居場所はどこなのか、人間関係はどうなるのか、と考えた」

「九月一七日を迎えて両国関係はこれ以上悪化することはないと楽観していたが、拉致事件は衝撃。自分たちの足場が崩れてゆく感じがする。いま私が加害者の側に立って苦しんでいるのと同様に、日本人は自分の足元が揺らぐほど過去の加害行為を思ったことがあるのかを同時に問いかけたい」

「立場上、拉致はないと言ってきた。日本人に謝罪します」

どんな思いから出てきた言葉なのか、私なりに思うところはある。だが、自らがいささかも関係のない拉致事件について、故国か民族を代表するかのように謝罪することはない。詩人、金時鐘も「同じ民族として本当に恥ずかしい」と語ったが（『毎日新聞』九月一八日付）、これらの言い方は、かえって民族主義的なねじれをもたらすのではないかと恐れる。許すことのできない「国家」の指導者としての金日成＝金正日体制に対する徹底的な批判こそが必要なのだ。

最後に「相殺できぬ拉致と植民地支配」とする立場に触れておこう。「相殺しよう」という明確な主張をしている人がいるのかどうかは知らぬが、前者をいうのなら同時に後者も思い出し、両国の歴史的な関係性の中で総合的に考えようという主張なら、北朝鮮に対する好戦的な言論を煽るマスメディアとは違う場所で、落ち着いて考えようとする人びとのなかに確固として存在する。神谷不二は、ランケのいう時代精神なる概念を持ち出し、「植民地所有が先進国の追求すべき価値として広く認められた時代」がかつてあり、いまはその考えは影をひそめたが、現代の時代精神で植民地支配時代を裁断するのはよくない、「(植民地支配の)不当性と、拉致やテロ行為との間に、明確な質的相違がある」とする(『朝日新聞』九月二〇日付)。

その時代精神とやらを通用させるべき地球空間はどこからどこまでなのかをランケは言っているのか? ヨーロッパの時代精神を、非西欧はつねに受動的に受け入れなければならないのか? 植民地にされて、それを受け入れることも時代精神なのか? 地理上の支配・他民族支配が始まって以降の「時代精神」なるものは、つねに支配する側でふるまう欧米の「歴史的な」犯罪を隠蔽《いんぺい》する役割を果たすものでしか、ない。それは後世にあっては歴史を総括するな、というに等しい。関川夏央も「(植民地支配という)歴史的問題と、平時にもかかわらず現在進行中のテロを並列させるのは見当違い」だという(『朝日新聞』一〇月七日付)。歴史的な公正さを何ら考慮しようとせず、既得権を得た自国の国家犯罪には蓋《ふた》をする、これらの悪意に満ちた扇動がこの社会には充満している。

初出——派兵チェック編集委員会『派兵CHECK』第一二一号(二〇〇二年一〇月一五日)

Ⅲ　あふれ出る「日本人の物語」の陰で、誰が、どのように排除されてゆくのか

「拉致」問題の深層

（二〇〇二年一一月七日）

私は、九月一七日の朝日首脳会談から三週間後、それに関わるふたつの小さな文章を書いた。ひとつは、「民族としての「朝鮮」が問題なのではない、「国家」の本質が顕わになったのだ」（第Ⅴ期・反天皇制運動連絡会機関誌『PUNCH!』第二四号、二〇〇二年一〇月〔本書第二章Ⅰ〕）、ふたつ目は「産経式報道の洪水と、社会運動圏の沈黙の根拠を読む」（派兵チェック編集委員会『派兵CHECK』第一二一号、二〇〇二年一〇月一五日〔本書第二章Ⅱ〕）である。

そこで私が重視したのは、言葉を少し補って言うが、次の二点だった。

㈠　日本人「拉致」事件を含めて金日成＝金正日体制が内外でなしてきたことの真実が明らかになれば、世界が凍りつくような事態になることは、いままでに積み重ねられてきた資料・証言に基づけば明らかであった。だが、日本の左翼・進歩派・市民派言論の大多数は、北朝鮮の抑圧体制が孕む深刻な問題性を見て見ぬふりをしてきた。日韓民衆連帯・日朝国交回復・戦後補償・在日朝鮮人の権利

獲得などの活動分野で、朝鮮と日本の関係を歴史的に総括し、未来に向けた新たな関係を築こうとしてきた私たち総体が、（北朝鮮指導部の専制を批判してきた者も含めて）今回そのツケを支払わなければならないことになるだろう。

(二)　同時に、双方の国家犯罪を相殺するという意味合いにおいてではなく、日本が朝鮮を植民地支配した時代の強制連行という名の「拉致」その他の行為に関して今日に至る五七年間ものあいだ謝罪し賠償する誠意も示さず、国交正常化に向けての努力すら怠ってきた現状のままで、「国家」を挙げて、マスメディア報道を挙げて、「拉致」問題に関する北朝鮮の責任のみをいうことは、歴史的な正当性を欠いている。ふたつの問題は別個のものであり、個別に責任が追及されてしかるべき事態であるが、双方が、自分が優位な立場に立ち得る一個の問題のみを特化することは、両国関係のより良い関係に寄与しないだろう。

以下、このふたつの問題に関わるいくつかの視点から、いま少し詳しく私の考えを述べてみる。ただし、上のふたつの文章は、一〇月一五日以前、つまり「拉致」されて二四年間を北朝鮮で暮らしていた五人の生存者が帰国する直前に書かれた。いまこの文章を書いているのは一一月上旬であり、この三週間のあいだ、この国には五人の帰国者をめぐって「日本人の物語」があふれている。最後には、新たな問題として、このことにも触れなければならないだろう。

（一）

在日朝鮮人・関貴星が書いた『楽園の夢破れて』〔前出四〇頁〕と題する本が、古本屋の店頭に山となって積まれていたのは一九六二〜六三年のことである。そのころ私は、高校時代までの自分を呪縛していた対「ソ連＝社会主義」幻想から抜け出て、思想態度としては「反スターリン主義」的左派の立場を確立しようとしていた時期だった。だから、新興社会主義国＝北朝鮮指導部の、スターリニスト的体質を暴露しているらしいその本には、すぐとびついて読んだ。「八・一五朝鮮解放十五周年慶祝訪朝日朝協会使節団」メンバーとして、わずか三週間足らずしか北朝鮮に滞在しなかった関貴星は、喧伝《けんでん》されていた「地上の楽園＝朝鮮民主主義人民共和国」への夢がその短期間に無惨に破れ、裏切られたという思いをかかえて打ちのめされてゆく。著者のその心情が、荒削りのまま書き表わされている、憤怒の書であった。

その初版本はすでに私の手元を離れて久しいが、一九九七年に亜紀書房から復刻された刊本を読み返しながら、この本の意味を考えてみる。在日朝鮮人の北朝鮮への帰国運動が開始されて数年しか経たない、四〇年前に発行されたこの本ですでに、その後さまざまな書物を通して解き明かされることになる北朝鮮の基本構造はほぼ触れられていると思える。つまり、まず著者たちを迎えるのは、解放一五周年式典なのだが、金日成の演説に加えて目を奪うのは二時間にわたって繰り広げられる、例の「パレード」である。だが著者が感動するのはここまでで、翌日からの三週間というもの、彼は混乱・懊悩《おうのう》・自己嫌悪に苛まれる。著者たちは当然にも、先に帰国している友人・知人との面会を希望するが、「職場が変わった」「どこにいるかわからない」などとかわされて、許されない。ホテルに監禁状態にされたまま、平壌の街を自由に歩くこともできない。出かけようとすると、工作員に引き戻される。ホテルに訪ねてくる知人は、工作員に追い返される。招待客である自分たちには、毎食豪華な酒食のもてなしがなされるのに、垣間見えたホテルの従業員の食事は驚くほど粗末だった。

まれに見かける民衆の生活ぶりにも、著者は胸塞がれる思いをする。荷車に積まれた松丸太にくい下がって、素手で丸太の皮を剥ぐ腰の曲がった老婆を見かける。燃料不足なのだろう。頭には荷物を、背中には赤ん坊を背負った身なりの貧しそうな女が、炎天の街路をアカシアの折れ枝を引きずって歩く。これも燃料にするのだろう。

ただ単に「貧しさ」をいうのなら、私が物心ついた時代の敗戦直後＝一九五〇年代の日本社会にも、日常的に目に入る貧しさの光景はあった。時代的にさして違いのない、しかも植民地支配からの解放後一五年、朝鮮戦争停戦から七年後の一九六〇年の北朝鮮で、至るところに貧しさを実感させる光景があっても奇異なことではない。著者はただ、北朝鮮式「社会主義」建設をめぐって聞かされてきた大仰な宣伝と、偽りのない現実とのあまりの落差を敏感に感じとり、あえて触れずにはおられなかったのだろう。この記述は、二〇〇二年に書かれていても、何の不思議もないところがさらに痛ましく思える。

さて、同じ訪朝団メンバーには、評論家・寺尾五郎、群馬地評議長・田辺誠《たなべまこと》の名が見える。晩年、安藤昌益《あんどうしょうえき》研究に打ち込むことになる寺尾は、日朝協会本部常任理事として一九五八年にはじめて北朝鮮を訪ね、『38度線の北』（新日本出版社、一九五九年）という見聞記をすでに書いていた。これは、いま読み返してみて、読者も赤面せずにはいられない、北朝鮮賛美一色の本である。消費物資の質量などをめぐって、日本の爛熟《らんじゅく》ぶりを批判的に捉え、北朝鮮の清貧さを際立たせてその精神的な優位性をいうなどというありきたりの方法は、そうそう説得的なものとして展開できるものではない。しかも、北朝鮮の現在の精神的な優位性は、近い将来物質面でも日本を凌駕《りょうが》するだろうという結論が控えているのだから、何を基準にして比較するのかという方法論自体を寺尾は欠いていることになる。在日朝鮮人をはじめ多くの読者を得ることになる本だけに、幻想を駆り立てたことの罪は深い。寺尾は、関貴星と同行した二度目の旅行に際しても『朝鮮　その北と南』（新日本出版社、一九六一年）を書いている。関の『楽園の夢破れて』が刊行される直前のことである。関は在日朝鮮人であり、寺尾は日本人であるという位置のちがいはあるが、ほぼ同じ体験をしたのだろうと考えると、ふたつの書の落差は大きい。関が書くところによれば、国内旅行の列車の中で寺尾は帰国者の三人の青年に取り囲まれ、あなたの本を信頼して帰国したのに、北朝鮮の実情はあなたが書いたのとは全然反対だ、だまされて一生を棒に振ったぼくらのことをどうしてくれる、と責め寄られたという。寺尾の報告書でもこのことには触れているが、帰国者の中で愚連隊になった者たちに因縁をつけられたとの描写になっており、寺尾はついに問題の所在に気づくことはなかった、あるいは気づかぬふりをしたようである。

もうひとりの訪問団員・田辺誠は、三〇年後の一九九〇年九月、社会党副委員長として自民党の金丸信《かねまるしん》と共に北朝鮮を訪問し、金日成とも会見して、いわゆる三党宣言（自由民主党、日本社会党、朝鮮労働党）を発表する人物のひとりとなる。関貴星と寺尾の本にいささか詳しく触れたのは、一九六〇年前後という早い時期に北朝鮮を訪問し、見聞記を著わしたふたりの著書の対照的な意味をふりかえるため、である。帰還運動開始直後に書かれた関貴星の本が左翼・進歩派によってもっと真剣に読まれ、ソ連におけるスターリン批判直後に出された寺尾の本がもっと厳しく読まれて批判の対象とされたならば、私たち総体の北朝鮮認識の出発点は、ずいぶんと異なったものになり得ただろう。だが、「反共」出版物には見向きもしないという頑な態度は、昔も今も変わらず左翼・進歩派の大多数を縛る、つまらぬ規範である。その裏側には、現実としての社会主義体制に対する無批判的な礼賛姿勢か、資本主義体制に比較するなら相対的にましではないかという先験的な了解と、自己の立場の絶対的な正義性に関わる優越感が貼りついていて、容易には剥がれない。

「反スターリン主義」の立場から北朝鮮のことを知らなくてはならないと考えた私は、それからもしばらくの間は、関連する本を読み続けた。朝鮮民主主義人民共和国科学院歴史研究所が編纂《へんさん》した『朝鮮近代革命運動史』（新日本出版社、一九六四年）や『金日成著作集　一〜六巻』（未来社、一九七〇〜七五年）などが記憶に残っているが、それらを貫く叙述の非歴史性・非論理性・非科学性などには大きな驚きを感じた。金日成らがどんなに社会主義者を自称しようとも、問題の本質は「社会主義」とも「革命」とも無縁なのではないか、「反スターリン主義」の立場からの北朝鮮指導部批判は無効であり、アジア的専制主義の一形態として考えるほかないのではないかというのが、私が当時差し当たって行き着いた結論だった。

私自身はこうして北朝鮮への関心をしばらくのあいだ実質的に失った。再び甦《よみがえ》るのは一九八〇年代に入ってからである。七〇年代から八〇年代にかけて、韓国では在日朝鮮人留学生などが北朝鮮のスパイだったとして逮捕される事件が頻発した。現大統領・金大中が野党指導者だったころには、韓国中央情報部（ＫＣＩＡ）によって東京から拉致され、ソウルに連行されて監禁状態におかれるという事件も起こった。日本でも作品が知られている詩人・文学者が、その反政府的な言動・作品によって逮捕されるという事件も相次いだ。八〇年には忘れることのできない光州民衆蜂起も起こった。日本では、それらの民衆運動への弾圧に抗議し、被逮捕者に連帯し救援しようとする活動が活発に行なわれた。その抗議・連帯・救援の論理に共感をもった私は、デモ・集会・抗議署名などの活動の末端に参加していた。

八〇年代なかばになったころからだったろうか、ふたつの疑問が私の心に浮かび始めた。それらの運動でつねに語られるのは「韓国軍事政権の暗黒支配」である。もちろん、異論はない。だが、何かが足りない。私自身が「軍事政権」「暗黒」「弾圧」などのキーワードで、すべてがわかったという気持ちになっている。ところが、韓国社会は、その常套句だけでは捉えきれない変貌を遂げているのではないか。それを実感するためには、八〇年代初頭に来日したときに会ったことのある作家・黄皙暎《ファンソギョン》の作品が、私の場合は導きの糸となった。一九七二年に書かれた「駱駝《らくだ》の目玉」(中上健次《なかがみけんじ》編、安宇植《アンウシク》訳『韓国現代短編小説』所収、新潮社、一九八五年)では、彼はベトナムからの韓国帰還兵の精神的・肉体的傷痕《しょうこん》を描いている。戦場における勇猛な戦いで名を馳せ「ひと儲けした」帰還兵たちは、帰りついた祖国で深刻な疎外感に苛まれる。ベトナム民衆の戦いは、韓国が民族統一を追求するうえで参照すべき、弱小民族の自主的な解放闘争であることを知りながら、派遣兵は「最強の人殺し軍団」ともてはやされつつベトナム民衆を殺戮した。そのことを祖国の人びとは薄々知っており、そのような視線を感じて帰還兵の心もまた疼《うず》くのである。韓国軍のベトナム派兵を一九七二年の段階でこのような視点で描く成熟ぶりに、私は驚いた。軍事独裁政権下で、そのような意識が公然化し、それが表現されるはずもないという先入観に囚われていたからである。

黄皙暎はまた、一九八八年にも注目すべき短篇を書く。「熱愛」（岩波書店『世界』一九八八年八月号掲載）である。韓国が日本市場をも席捲する東アジア新興工業経済圏のトップランナーとして疾駆しはじめたころ、「軍事政権の本質を継承したままの」新体制下の韓国の人びとのなかには、「物質的には豊かになったが、しだいに愛を失って生きているいわゆる新中産階級」が確固として誕生しつつあったことが描かれていた。これが、歴代の軍事政権下に生まれてきていた、ひとつの生活実態なのか！

いずれも、私たちが縛られてきた固定的な観念では捉えきれない新しい現象である。当時の韓国を分析する際の視点であった「開発独裁」の「独裁」の側面でのみ私（たち）は捉えていたが、「開発」が韓国社会にもたらしている変貌の大きさを無視することはできないことに、遅れ馳《ば》せながら気づいたのだ。

それはまた同時に、私にとっては北朝鮮への関心が甦ってくることを意味した。（韓国民主化闘争に連帯しようとする）私たちのなかでの、韓国への関心の熱烈さと、北朝鮮への関心の薄さは、なんなのだろう？　私はしばらく関心を失っていた北朝鮮に関する本を探してみた。一九八〇年以降の一〇年間で、重要なもののみ挙げると、次のような基本書が発行されていた。

林誠宏『裏切られた革命　金日成主義批判序説』（創世記、一九八〇年）

林隠『北朝鮮王朝成立秘史　金日成正伝』（自由社、一九八二年）

金元祚《キムウオンジョ》『凍土の共和国　北朝鮮幻滅紀行』（亜紀書房、一九八四年）
崔銀姫・申相玉『闇からの谺　北朝鮮の内幕』（池田書店、一九八八年）
李佑泓《イウホン》『どん底の共和国　北朝鮮不作の構造』（亜紀書房、一九八九年）
李佑泓《イウホン》『暗愚の共和国　北朝鮮工業の奇怪』（亜紀書房、一九九〇年）
張明秀『裏切られた楽土』（講談社、一九九一年）――というように。

それぞれの書についてどこまで信じるかは別として、これらの書からは、『楽園の夢破れて』同様、とうてい無視できない北朝鮮の現実が見えてきた。

この歳月の間には、一九八三年一〇月のラングーン事件、一九八七年一一月の大韓航空機爆破事件が起こっている。ラングーン事件の北朝鮮犯行説には当初は半信半疑だった私も、次第に状況証拠が明らかになってきて、韓国側のいうとおりなのだろうと思うようになった。大韓航空機爆破事件は、逮捕された金賢姫の自白どおりに、金正日の指令に基づく事件だろうと最初から確信し、私は公表する文章でもそのように書き始めた（金賢姫の詳しい告白は、その後『いま、女として　金賢姫全告白』上・下（文藝春秋、一九九一年）としてまとめられた）。

金賢姫は自分の日本語教師「李恩恵」が日本人であって、散歩中の日本の海岸から拉致されて北朝鮮に来た、と語っていたとも明らかにした。そのころ、国会や一部のメディアで問題にされ始めた日本人「拉致」事件についても、すべてがそうかは不明にしても、一部は北朝鮮工作員が行なったことなのだろうと私は思った。

北朝鮮指導部はいまだに、自分たちの社会が独自の自主思想に基づく「社会主義」の国だと言い張っていたが、先に触れたように私はそれが「社会主義」とも「革命」とも縁も所縁《ゆかり》もない体制だとは思った。世襲が公言されている以上、王制ではないか。天皇制なる醜悪なシステムを廃絶できないでいる社会に住む私は、そう考えていた。だが、仮に、北朝鮮の金日成＝金正日の世襲体制が、一貫してそれを擁護していた井上周八《いのうえしゅうはち》や関寛治《せきひろはる》や鎌倉孝夫《かまくらたかお》の言うように、「反帝・自主と社会主義を懸命に追求する」ものだと、無理にでも、仮定してみよう。革命を通して理想主義的な社会を展望している運動主体にしても、自己確信の強いあまり対立セクト・メンバーを「拉致」し「監禁」し「暴行・拷問」を加え、時に死に至らしめるなどということは、私（たち）が生きてきた同時代の新左翼運動の中でも、無念にも、頻繁なくらい行なわれてきた現実であった。こうして、革命や社会主義をめざす運動は、稚いころいだく憧憬（ロマンティシズム）をもってしては、耐えがたいまでの実態を伴っていた（いる）という試練に、ひとは直面する。帝政ロシア期のネチャーエフ事件やドストエフスキーが『悪霊』で描いた世界が、自分たちのまえに現前するのだ。井上・関・鎌倉たちの世代であれば、ソ連でも中国でもカンボジアでも日本でも、その種の、恐ろしくも哀しく、腹立たしい歴史的実例があったことを数多く学ぶこともできただろう。北朝鮮指導部の専制体制の中に、そのような現実を透視できず、一定程度信頼しうる証言が出揃った段階でなお、爆破は北朝鮮の犯行ではない、「拉致」はしていないとして、終始一貫擁護してきたその姿勢は、驚くべきことだと言わなければならない。金日成＝金正日体制の路線上のツケを、それに無批判的に追従した井上らのツケを、そして私たちもまた、それらの愚かな言動を徹底的に批判し尽くすことができなかったツケを、これから支払うことになるのである。

あえて付け加えるなら、私は、過剰な自己確信・自己正当化の意識を〈組織的に〉共有する場所を選ばず、無権力の・ひとりの無党派であろうと決めた、決して少なくはない同時代の人間たちのひとりだ。その場所からならすべてを的確に見渡すことができ、出処進退を間違うこともなく、有効な政治的・社会的活動が可能だなどと言えるはずはないのだが、資本主義体制であれ社会主義を標榜《ひょうぼう》する体制であれ、国家権力の恣意性・横暴・非道に自らが同伴することを拒否し、むしろそれを監視し抑止しうる立場のひとつだとは考えている。「拉致」を選びとった金正日らの自己絶対化の極致というべき行為と、金正日らがなす言動に対する一部日本人左翼・進歩派・市民派の無批判的な同伴性には、〈党派性〉の病いがもっとも無惨な形で現われているように思える。

（二）

「九月一七日」の直後から、冒頭に触れた㈡に近い立場は、マスメディアに登場した数は決して多いとはいえないが、さまざまに表明されてきた。それらの主張をいくつか見聞きしながら、その主張を説得的に展開するのは、けっこう難しいものだという感じを受けた。

今回の「拉致」問題は、この社会においては、次のような基本構造をもっている。

幾人もの日本人の拉致が北朝鮮によって行なわれたものであると早くから断定し、被害者家族と共に、出版、署名運動、マスメディアや日本・米国両政府への働きかけなどを通して問題の社会化に努めてきた主力は、メディアとしての産経グループや『文春』『新潮』の週刊誌、小学館の『SAPIO』と文庫書籍、そしてそれらを舞台として大量に執筆活動を展開した現代コリア研究所のメンバーである。これらの人びとは多くの場合、この一〇年間で急速に様変わりを遂げている日本社会の動き——「危機管理」体制の強化、自衛隊の海外派兵、有事立法制定、第九条を軸とした憲法の改訂、新しい歴史教科書づくり——などの積極的な推進者である。

他方、(いささか大まかな括り方になるが)当初は「拉致」報道に消極的で、いくらか事態が明示化された段階でもそれが北朝鮮によるものであることを否定し、もしくは疑問を提示し、あるいは断定を避けて及び腰ないし曖昧な態度に終始して、結果的に事実の解明にほぼ有効な働きができなかったのは、まずは朝日・NHKなどの大メディアである(この事実が、これら二メディアの焦りを導き、「拉致」の事実が一定明らかになった段階以降は、すべてのメディアが、過剰で一方的な横並び報道を行なう結果となっている)。加えて、岩波『世界』、旧社会党としての社民党、共産党、市民派、左翼諸派などであり、これらは(大メディアとしての朝日・NHKを除いて)上に触れた日本社会の様変わりに異議を唱えてきている。

「拉致」事件の事実の解明と責任追及に関する限り、前者が正しく、後者が間違っていた、あるいは不十分であったこと。それが、誰の目にも明らかな、今日の基本的構図である。このことは、「拉致」事件に限られることなく、すべての問題にまで及んで、この社会を根底から変える力を発揮するかもしれない。もちろん、それは、私(たち)が好ましいとは思わない方向へ、である。私(たち)は、待ち受ける課題がどんなに困難でも、ここが私(たち)の出発点だと覚悟するしか、ない。

問題は重層的である。金正日は「拉致」事件について謝罪し、責任者を処罰したと語った。曰く「数十年の敵対関係があるが、誠に忌まわしい。七〇〜八〇年代初めまで、特殊機関の一部が妄動主義、英雄主義に走ってこういうことを行なった。特殊機関で日本語の学習ができるようにするためと、日本人の身分を利用して南に入るためだと思う」と。白々《しらじら》しい言い草だ。先に挙げた『闇からの谺』と題する手記を残した韓国女優・崔銀姫が香港で拉致され、北朝鮮に連行されたのは一九七八年一月で、それは前年末一一月の横田めぐみ失踪と、李恩恵のことだと推定されている田口八重子《たぐちやえこ》失踪（七八年六月）との間に挟まれた時期である。香港沖から崔銀姫を乗せた快速艇が北朝鮮・南浦《ナンポ》港の桟橋に着いたとき、出迎えた男は「ようこそ、よくいらっしゃいました。崔先生、わたしが金正日です」と語りかけ手を差し伸べたと、崔銀姫は嫌悪感も露わに手記に書き残している。写真も残っているこの「出迎え」のエピソードは、当時次々と行なわれていた北朝鮮特務機関による拉致作戦の中枢にいた人物が誰かを物語っていよう。金日成の神格化が行なわれる一九六〇年代後半以降、世襲的継承者＝金正日が占めてきた政治的な地位からいっても、一連の「拉致」事件を決定し指示しうる人物は、金正日以外にいなかったことは自明だと思われる。金正日の「謝罪のことば」の真意は、まるで「玉音放送」後の天皇裕仁のように、自己の主導の下で／自己の名において行なわれた重大な犯罪に関していくつかの逃げ道を用意しながら、たち現われたより強大な相手との談合で自己の延命を図りたいということだろう。

金正日を絶対的な権力者とする一握りの北朝鮮指導部の卑劣な犯罪の本質を思えば、私たちは、この間よく見聞きする「拉致を許すことはできない。しかし、同時に日本は植民地支配のことを忘れてはならない」という文脈でものごとを語ってはいけないだろう。この「しかし」は、意味内容的に逆接の役割を果たすことができない。「拉致」は、北朝鮮二二〇〇万民衆の与り知らぬ地点で、金正日専制体制が実行した。その体制を支えているのも民衆である、とはありうる厳しい評価だが、金日成＝金正日の鉄壁の独裁体制は、反抗と抵抗のすべての可能性を恐怖支配によって未然に摘み取ってきたのであろう。実際、民衆はかくまで無力なのか、と嘆息せざるを得ないほど、独裁権力が思うがままに力を揮《ふる》う現実は、世界史のいずれかの時期に、地球上のどこかの地域に点在している。

北朝鮮の場合、二〇〇二年の今日に至る五〇年余ものあいだ、そのような体制が持続してきたのである。私たちは、「大きくない出来事を口実に」とか「不正常な関係にある中で生じた」などという表現で「拉致」問題の軽量化を図ろうとする金正日が、南北朝鮮民衆総体の中に紛れ込んで逃亡することを許すべきではない。右の表現は、数千万人の朝鮮人に対する植民地支配を引き合いに出すことで、自らの犯罪を隠蔽して金正日らが逃亡することを助ける役割を果たしかねない。

そう考える私は、在日朝鮮人が表明しているいくつかの見解に違和感をもつ。詩人・金時鐘は「（金総書記の発言に）暗澹たる思いだ。同じ民族として本当に恥ずかしい」「（強制連行のことで、北朝鮮にも言い分があるだろうと考えていたが）もう言える筋合いではなくなった。［…］帳消ししてあまりある。戦前の日本と朝鮮半島の関係に、まず日本人が謙虚になってほしいという思いも吹っ飛んだ」と述べている（『毎日新聞』二〇〇二年九月一八日付朝刊）。

歴史家・姜在彦も同じ紙面で「かつて朝鮮総連で活動した者として、また血を分けた同族として、本当に恥ずかしく思う」と語る。真摯な思いなのだろう。また金正日の「拉致」認知発言に対して、直接の「拉致」被害者や家族だけに留まることのない、日本社会全体の反応を考えての発言なのだろう。真意がわかるだけに、深い哀しみをもって私はそれらの言葉を読む。この過剰で、濃密な民族主義はなんなのだろう? 民族を相対化したところでの発想はできないものだろうか。金時鐘の発想の根には、おそらく、「「拉致」をしたという北朝鮮、朝鮮民主主義人民共和国への非難だけは為にする中傷として、大いに反発し否定もしてきた私だった」(『産経新聞』二〇〇二年一〇月四日付)という悔いがあるのだろう。

ある特定の民族であるがゆえに、「拉致」をなしたり、なさなかったりするのではない。どの「民族」であるにせよ、それが形成する社会の、ある特定の時代の支配体制の下で、「拉致」「虐殺」「侵略戦争」「植民地支配」「死刑」などの国家犯罪が「国家」の名においてなされるのだ。金日成=金正日体制は、過剰な民族主義を煽りたて、それを十二分に利用することで、あの鉄の独裁体制を確立しえたのではないかと疑う私は、そう思う。「日本民族である限りそんなことをするはずがない」という発想をどんな場合もまったく持たない私には、その書を愛読してきた詩人と歴史家に、そう問いかけたい気持ちが残る。

また『獄中一九年　韓国政治犯のたたかい』(岩波新書、一九九四年)の著者・徐勝《ソスン》は「「拉致」の事実を認め公式に謝罪した金正日総書記の「率直」さにも驚かされた。かつて民族全体が最大の被害を被り、「謝罪」を受けるべき日本に対して、「謝罪」を表明した屈辱と無念はいかほどであっただろうか。全く想像を絶する「率直」さである」と書く(「「率直」と「譲歩」を和解と平和のバネに」、『世界』二〇〇二年一一月号掲載)。

ここでもまた、「民族」が過剰な論理のように思える。金正日の謝罪発言が、仮に個人的には「屈辱」と「無念」な思いを込めてなされたものであるとしても、彼は自らが責任をとるほかはない政治的・経済的・軍事的・社会的・倫理的な失敗と愚行の果てに、これを乗り切るためにはいまこの発言が必要だと打算して、それを行なったのである。従来強硬に主張してきた植民地支配に関わる賠償請求権を放棄して「無償資金協力」や「低金利の長期借款供与」などの「経済協力」を受けるに甘んじるという「譲歩」を行なえば、たとえ「拉致」を告白しても、日本との外交交渉は成立するだろうと金正日は読んだのである。金正日の冷静な計算だと捉えるべきところを、「屈辱」「無念」と表現するのは、「民族的」情念が過多ではないだろうか。徐勝の捉え方にあっては、「拉致」に関わる金正日の責任の問題と、「植民地支配」に関わって「謝罪」を受けるべき朝鮮民族全体の問題が、錯綜して持ち出されているように思える。ふたつのことがらが、互換あるいは相殺が可能かもしれないという主張に聞こえるような論理的な隙を、私たちは見せるべきではないだろう。出すぎたことかもしれないが、あえて踏み込んで言えば、現在の北朝鮮の指導者に「(朝鮮)民族全体」が体現されているかのような言動を、少なくとも私たち日本社会に位置する者は避けなければならないだろう。私はそう思う。

さて、最後に、冒頭に述べた、あふれ出る「日本人の物語」に触れよう。この問題の重層的な複雑さは、先に触れたように、「拉致」事件をめぐって、北朝鮮指導部および日本政府・諸政党やマスメディアの対応の責任を問うてもっとも発言し活動してきたのが、「産経」「文春」「小学館」メディアとそこを主要な表現の場として活用してきた人びとであり、彼らは、近代日本の植民地支配と侵略戦争の責任を否定し、被害者の戦後補償要求に敵対してきた人びとであることに現われている。私は『産経』紙や『正論』や『諸君!』などの雑誌を「愛読」して十数年経つので、これらの新聞・雑誌の表現スタイルにはかなり慣れているほうだと思うが、「拉致」問題を特集している連日の産経紙や雑誌の最新一二月号は、さすが、いつにもましてテンションが高い。彼らは「勝利」したのだから、意気軒昂《けんこう》である。

たとえば、言う。(類似の言動が多いので、逐一出典は示さないが)「拉致と植民地支配問題は相殺されない」「拉致は平時の国家犯罪、植民地支配は合法的な協定の問題」「強制連行があったとしても、それは当時の法律に基づく労働上の徴用であり、他国の主権を正面から侵害し他国民を恣意的に頭から袋をかぶせて拉致するのとは全く異なる話」「(植民地支配という)歴史的問題と、平時にもかかわらず現在進行中のテロを並列させるのは見当違い」「台湾、朝鮮の出身者は当時は日本人だった。悪法といえども法である。日本国民として、彼らも徴用令に背けなかった」「植民地支配はもう五十年前に終わっている」——などというように。

比較するな、同列視するな、と言いつつ、中西輝政《なかにしてるまさ》なる国立大学教授のように「日本統治下における北朝鮮の住民の方が、現在の金正日体制下よりはるかに幸せな暮らしをしていたということです。少なくとも餓死しないだけの食糧がありました。平壌宣言では「過去の植民地支配によって、朝鮮の人々に多大の損害と苦痛を与えた」と書いていますが、「多大の損害と苦痛を与えた」のは、日本ではなく金日成・金正日政権の方です」などと、(情けないまでに)非歴史的かつ非論理的な比較をして〈圧政〉の優劣を民族主義的に競う者すら出ている(『諸君!』一二月号、西村眞悟《にしむらしんご》との対談「日醒めよ、日本！　金正日の罠」）。

ごまかされてはいけない。「拉致」と「植民地支配」の違いを言うのが、問題の本質ではない。並べたてて、優劣を競うようなことではない。これらふたつの国家犯罪は、それぞれの固有の場で、裁かれなければならない。

だが、「それぞれの固有の場で」といっても、ふたつの問題のリアリティの差は歴然として、ある。「拉致」被害者の家族の苦悩と悲しみと怒りが、九月一七日から一〇月一五日まで集中的に私たちの耳目に焼き付けられる。一〇月一五日以降は、直接的な被害者の、日に日にニュアンスを変えていく表情と言葉が、その人自身を通して、あるいは親・兄・妹などの解釈を通して、伝えられていく。

私（たち）は、その「体験」の重さを前に言葉もなく、ただただその表情と言葉を記憶に留める。他方、「植民地支配」は、被害者の表情も心も日々伝えられることのない、歴史的な過去だ。痕跡は直接的な形で、また間接的な形で姿をとどめているが、ひとがそれと気づくことは稀だ。すでにこの世を去ったひとも多い。そして、いつものように、加害者は忘れやすい。あるいは忘れたがる。「五十年前に終わっている」ことだ、と言葉の暴力で封印されてゆく。

情報量の差は圧倒的だ。

親子の対面、故郷への帰還、親戚一同の歓迎会、クラス会、恩師との対面、卒業証書授与、婚姻届け、免許証復活、懐かしの温泉行……ひそやかに、私的な形で行なわれることには何の不思議もない、誰も異論を唱えることもありえない、微笑ましくさえあることがらが、日々マスメディアのカメラとマイクを前に披露されて、ひとつの社会的な空気が作り上げられていく。本人の意志に基づいて、もっとひっそりと、時間をかけて……とひとは思うのがふつうだろうが、その声は聞こえない。被害者本人の意志とは離れた地点で、何かの力が動いている、とひとは感じとる。自分たちこそ、この問題の解決に力を尽くし、一定の成果を上げたと思う人びとが、現在の社会的・政治的雰囲気を利用して、蠢《うごめ》いている。目に見えぬ圧力か雰囲気を感じて、マスコミはそれを言えない、あるいは言わないのだ。

異論を許さぬ、この不自由な空気。帰国者五人はこのまま日本に滞在し、「真実」を知らないままに北朝鮮に残っている子どもたちや米国人の夫を、いきなり呼び寄せるほうがいいという政府方針も、突然のように、どこかでお膳立てされる。いまなら何を言っても構わない、許されると思う人びとこの雰囲気では、ちょっと言えないな、と黙りこくる人びと。

こうして、政府の外交方針は揺らぎ、ぐらつき、他方すべては「日本人の物語」として完結していくのが最高の幸せなのだ、とする雰囲気づくりは着々とすすんでゆく……。

あふれ出る「日本人の物語」の陰で、誰が、どのように排除されてゆくのか。

私たちの現実批判は、ここに視点を定めて、さらに深く掘り進めなければならない。

●初出――『インパクション』第一三三号（二〇〇二年一一月、インパクト出版会）

Ⅳ　ふたたび「拉致」問題をめぐって

問題を追い続けた三人のインタビューを読む

（二〇〇二年一一月一〇日）

九月一七日の朝日首脳会談と平壌宣言発表以降、私が知るかぎり東京では週に一回程度の割合で、この事態をどう捉えるかを考える集まりが開かれている。これを契機に強まる在日朝鮮人に対する暴力と嫌がらせの実態を考える会、宣言と戦後補償問題との関係を考える会、真の和解と平和をどう実現するかを考える会、歴史認識問題に引き付けて考える会……などという具合に。できるだけ都合をつけて、参加している。三〇人以上の人びとの意見を聞いただろう。

共感をおぼえる声もあれば、小さな、あるいは大きな違和感を感じる意見もある。総じて、この異様な空気のなかで、何が問題の核心なのかを落ち着いて考えるきっかけにはなる。

一二〇人、六〇人、八〇人、一五〇人、三五〇人……ざっと思い出すと、それぞれそんな数の人びとが集まっていた。ある集会では、青森から来たという人が、地方に住んでいると、テレビと新聞と週刊誌の報道だけに囲まれており、そこにはひとつの立場の人しか出ないので、別な捉え方もあることをどうしても知りたかったと語ったのが胸を衝いた。

またある集会で、在日朝鮮人の一女性が、「日本社会の差別と抑圧の中で、在日としての主体性・誇り・矜持《きょうじ》をもって生きていた。日本社会に裏切られ、いままた朝鮮に裏切られ、世界観・価値観がぐらついた。でも誰のせいでもない、見えるはずのものも見ようとしてこなかった自分が悪いのだと思う」と語ったことも、心に残った。

たしかに、マスメディア上では、北朝鮮国家機関による日本人「拉致」事件のみを焦点化した、きわめて扇情的な報道が続けられており、テレビ・新聞の報道を日々追うことに、私は正直に言うと、心理的に疲れを感じている。問題の性格からいって、行けども行けども出口の見えない、暗い坑道を行くような思いがする。それでも、と気を取り直して、書店に行くと、この問題をテーマにした新しい本や雑誌につい手が伸びる。石原慎太郎の発言に典型的なように、北朝鮮を相手に戦争を仕掛けたくてたまらないような発言が、見出しの語句にあふれている雑誌が目立つ。目をそむけたくなるそれらの雑誌の中で、『SPA！　特別編集ブックレット　メディアが黙殺した「拉致事件」25年間の封印を解く!!』（扶桑社、二〇〇二年）は読みでがあった。特に、インタビュー構成の「拉致事件を追い続けた男たち」は一読の価値がある。一九八〇年の段階（つまり、今回明らかにされている「拉致」事件が発生したのが七七〜七八年のことなので、それから数年後の段階）で「外国情報機関が関与？」して「アベック三組ナゾの蒸発」と報じた『産経新聞』記者・阿部雅美、北朝鮮帰国者問題をはじめ、「拉致」に関与した北朝鮮工作者にインタビューした番組などを一〇年間作り続けてきた朝日放送プロデューサー・石高健次《いしだけんじ》、「拉致」に関する最初の国会質問のきっかけをつくり、その後「家族会」設立に努力した元共産党国会議員秘書・浜本達吉の三人に対するインタビューである。

三人はいずれも、それぞれのきっかけで「拉致」事件に関わる報道や行動を開始した時に、どれほどの無視・妨害にあったかを語っている。「北朝鮮の仕業ではないか」という予断はなかったと語る阿部の証言も、この取材の方向性は「韓国がでっち上げた路線に乗せられてやっているだけではないか」という不安を一時は感じたという石高の言葉も、充分に説得的である。思い込みを排した、慎重な取材に基づく報道を心がけたであろうことが、その言葉の端々からわかる。

だが、政府・外務省・諸政党・政治家・警察・報道機関・朝鮮問題研究者——いわば社会全体が、長い間、彼らに敵対し、その問題提起を無視する。「敵対」し「無視」した側の立場はそれぞれ違うが、このインタビューを読むと、私たちもまた、社会全体のあり方はもとより自らをも顧みる契機をここから摑むことができるように思える。巻末の座談会で三人が語る現状分析や今後の方針については異論もあるが、インタビューで語られていることの重要性が消えるわけではない。

さて、この原稿を書いているいま、しばらくトップニュースから外れていた「拉致」問題がふたたびメディアの前面に出てきている。一九八〇年、マドリードで（?）北朝鮮工作員と接触し、その後北朝鮮に入って生活し、九六年に交通事故で死亡したと発表され、北朝鮮当局から渡されていた松木薫の遺骨が、鑑定により別人のものではないかとの結論がでたという。いまの段階で、真偽のほどは、私にはわからぬ。だが、これまで明らかになっている金日成＝金正日体制のあり方からすれば、（何度でも言わなければならないが）今後さらにどんなに悲劇的で、恐ろしい事実が証されても不思議ではないだろう。帰還事業でかつて北朝鮮に渡った「日本人妻」と家族がそこを脱出し、極秘裡に帰国しているが、周囲に身分を明かすこともできず、困窮した生活をおくっているというニュースも報告されたばかりだ。

北朝鮮民衆こそが、批判者を徹底的に粛清する金世襲独裁体制下でもっとも犠牲となってきた人びとであったが、その過程で、韓国・日本その他の国々の人びとに加えられた拉致・強制収容所送り・処刑などの実態もますます明らかにされるだろう。

それにつけても、日本の植民地支配責任を否定し、戦後補償要求を斥《しりぞ》ける「拉致議連」や「現代コリア研究所」のメンバーは、それを、理性に基づかない、自民族中心主義的な「反北朝鮮」キャンペーンにいっそう利用しようとするだろう。日韓民衆連帯、日朝国交正常化、強制連行・虐殺調査、戦後補償要求、在日朝鮮人の諸権利獲得などの活動に何らかの形で参加したり、歴史認識問題で言うべきことがあるとの立場に立ってきた私たちは、いままで以上に困難な場所にあって、この攻勢と向き合うことになるだろう。

●初出――『派兵CHECK』第一二二号（二〇〇二年一一月一五日）

V 拉致被害者を「救う会」の悪扇動に抗する道は

名護屋城址・飯塚市歴史回廊を見る

（二〇〇二年一二月九日）

九州に行く機会を捉えて、長いこと行きたいと思っていた名護屋城址を訪ねた。

佐賀県鎮西町《ちんぜいちょう》（二〇〇五年の市町村合併により、東松浦郡から唐津市に編入された）にある。（「西を鎮める」という意味の剝《む》き出しの名称は、古来九州全体の異称とされてきたとはいえ、司馬遼太郎の『街道をゆく11　肥前の諸街道』（朝日文庫、一九八三年）によれば、この町名は町村合併によって一九五六年に新たに名づけられたという）。福岡から西に向かって車で一時間ほど、佐賀県は唐津湾に至るあたり、海岸線は複雑に入り組んで、大小の入江が多い。玄海の沖には島々も見える。中国からの人びとを乗せた密航船を手引きする者にとっては、恰好の入港地となるものらしい。事実、唐津湾には今年釣り人によって「偶然に」見つかった密航船が海上保安庁の管理下「立ち入り禁止」の札を付けて、係留されていた。そこを過ぎて東松浦半島を北へ向かい、イカ漁で有名な呼子《よぶこ》町外で、ひときわ内陸に食い込んだ入江に架かる橋を越えると、そこが鎮西町である。この町の、標高九〇メートルの小高い丘の上に名護屋城址はある。天守台跡に立って北西を見ると、玄界灘が広がる。晴れた日には見えるという壱岐までは海路四〇キロメートル、壱岐から対馬までが四八キロメートル、対馬から朝鮮半島までは六〇キロメートルという位置にある。「天下統一」を果たした翌年の一五九一年、豊臣秀吉は名護屋城の築城令を発した。「明国征服」の軍事拠点とするためである。

全域一七万平方メートルに及ぶ、当時としては大坂城に次ぐ規模の城郭は、肥後の小西行長《こにしゆきなが》と加《か》藤清正《とうきよまさ》、豊前の黒田長政《くろだながまさ》らの大名を監督として、わずか五か月間で基本部分が築城された。いまに残るのは所々の石垣のみだが、その規模から見ても、驚くべきスピードである。労働力の動員、採石、運搬・石切・石積み・鍛冶などの技術、財政負担——どれをとっても、統一された「天下」を挙げて侵略へと向かうときのエネルギーのすさまじさが実感される。一五九二年（文禄元年、コロンブスのアメリカ大陸到着の百年後！）ここから一六万の兵力が朝鮮に侵略する。天守台から見下ろす鎮西の町の随所には、全国から召集された一二〇もの大名の陣屋ができており、予備軍一六万がなお待機していたと言われている。

一五九七年（慶長二年）、秀吉は一四万の兵力を再度朝鮮へ送る。そして、二度にわたるこの侵略戦争がどんな結果となったかを、的確な視点で明かしているのが、城址のそばに立つ佐賀県立名護屋城博物館である。一九九三年に開館したこの博物館の展示方法は、ふたつの国にまたがる歴史問題に関わる展示として、見るべき到達点を示していると思える。それは秀吉の二度におよぶ挙兵を明確に侵略戦争と位置づけ、侵略兵がどのような行為を朝鮮で行なったか、それがどんな災厄を朝鮮民衆のうえにもたらしたかをはっきりと語っているからである。どんな資料に基づいて、何を語り継ぐべきかということについて、企画者に迷いはなく、明快である。現在の日本列島と朝鮮半島が陸続きであった時代以来の交流史も的確に示し、秀吉の時代を経て江戸時代になってからの朝鮮通信使が果たした役割や、対馬藩の朱子学者・雨森芳洲《あめのもりほうしゅう》が唱えた「誠信外交」の説明もなされているから、これらの穏やかな交流関係史の時代に挟まれた秀吉の時代の戦争が、いかに異常なものであったかが浮かび上がる。

日朝首脳会談以降の二か月半もの間、北朝鮮による「拉致」問題をめぐって、異論を許さないかのような、異常な雰囲気が醸成されている只中に、ここを訪れただけに、こころが落ち着くものを感じた。展示方法に関わる仕事は、県民の支持を背景に学芸員が行なったにせよ、県立博物館である以上は知事（自民党）の強靭《きょうじん》な意志も大きくはたらいたと地元の人から聞いた。中央では容易にはできないことも、地域レベルでは可能になるということの、ひとつの証左であると思われる。年度ごとの特別展示では「日韓交流の窓　釜山・蔚山《ウルサン》・慶尚南道《キョンサンナムド》　歴史と風土の旅」（二〇〇〇年）、「海洋文化のクロスロード　済州道の歴史と風土」（二〇〇二年）などが開かれてきている。図録でしか見ていないが、楽しい。日韓の間での学芸員の相互交流も行なわれているようだ。いずれ北朝鮮の研究者もここに加わる時代もくるだろう。繰り返して言うが、地域での自律・自立的な越境する試みが、国家レベルの不能性を突破していることが示唆するところは大きい。

この旅では、福岡県飯塚市にも行った。朝鮮半島との歩みを描く「歴史回廊」が先月末に完成したと、『産経新聞』のウェブサイトで見たからだ。市郊外の霊園の一角にそれはあった。二〇〇〇年一二月、そこには在日筑豊コリア強制連行犠牲者納骨式追悼碑建立実行委員会の手によって、強制連行され無縁仏となった人びとの遺骨を納める「無窮花堂」が建立されていた。今回はそのまわりの壁面に、日本と朝鮮の関わりを描いた一八枚の伊万里焼の陶磁パネルが取り付けられたのだ。私が好きな、大陸側から日本列島を望む地図も、そこにはあった。無窮花堂建立まで七年、歴史回廊落慶までにさらに二年——地元の人びとによる地道な試みは、歴史認識の深化に貢献するだろう。

同じころ、北の北海道からも、見逃すわけにはいかないニュースが届いた。戦前、戦中に強制連行された朝鮮人と見られる多数の遺骨と名簿が西本願寺札幌別院で見つかったというものである。名簿には一〇一人の氏名・死亡月日が書かれている。だが遺骨は、保管の途中で他人の遺骨と一緒にする「合葬」にされ、誰の遺骨か不明になっているという。合葬が一九九七年まで行なわれていたことが、大きな波紋を呼んでいる。「北朝鮮の拉致被害者の遺骨や墓地に対する非人道的な扱いに対し、非難が噴出している」が、「わが身も正さなければならない」と『北海道新聞』社説は言う（一一月二四日付）。「北朝鮮との交渉で、説得力を持つためにも、札幌別院や朝鮮人労働者の徴用先だった企業はもとより、政府も誠心誠意、身元の確認や遺骨の返還に努力する必要がある」「これ以上、戦後補償問題を放置していては日本の人権意識が問われる」

いまなら何を言っても許されると考えてふるまう、拉致被害者「救う会」「議連」「家族会」の世論操作を突き崩す力は、ここに触れたような動きのなかに、確実に存在している。

●初出——『派兵ＣＨＥＣＫ』第一二三号（二〇〇二年一二月一五日）

Ⅵ 「テロ」をめぐる断章

（二〇〇三年二月一七日）

（一）

「テロ」や「テロリスト」というテーマは、こころを波立たせる。若いころ、ちょうど紹介され始めたロシア・ナロードニキの回想記や、安重根、朴烈、難波大助《なんばだいすけ》などにまつわるいくつもの記録や回想録を読み、彼らが生きた道筋と選び取った行為の基底を貫く倫理性に打たれた。埴谷雄高《はにやゆたか》が言うように、圧政の頂点に立つ皇帝・国王・総督個人を殺害したところで、死者と同じ政治的立場でそれに代わりうる者が必ず現われる以上、「テロ」の政治的有効性は十分に疑わしい。だから倫理性に打たれるという思いは、政治的に思考して浮かぶというよりは、ある具体的な状況の中での個人の生き方としてこころ打たれる、いわば文学的な、一九六〇年代の思想状況に照らして言えば「実存主義的な」あり方だったのだろうとふりかえることができる。

こころを波立たせる理由は、もうひとつある。苛酷《かこく》な帝政ロシア体制とたたかったナロードニキ関係の資料が次々と紹介された時期には、同時に、一九一七年ロシア革命以後の過程に関する研究も、それまでに比べて格段に深化した。さまざまに刺激的な研究が現われたが、その中で忘れることのできないふたつの言葉があった。「赤色テロル」と「グレート・テロル（大テロル）」である。前者は、実質的には革命直後から、（正式には）ソビエト政府が「赤色テロルについて」と題する政令によってテロルを合法化した一九一八年九月五日以降、レーニンを最高指導者とするボリシェヴィキによって発動された。革命を妨害するクラーク（本来は「富農」を意味するが、実際には割り当て徴発制や集団化に反対する農民を指しても使われたことは、いまでは自明のことと思われる）と白衛軍、聖職者、食糧徴発に抗議する農民――相手が誰であれ、「人民の敵」に対する大衆テロルを即時実施し、銃殺するか強制収容所へ送る、武器携帯者は処刑せよとの布告が何度も出された。国内戦のときには成文法は無視してよい、敵に裁判所はない――とするのが、ボリシェヴィキの基準となった。その結果どんな社会が現出したかということについて、現在の私たちは多くの知識を得ており、限りなく痛ましい思いのみが残る。

後者の「大テロル」は、スターリン独裁下の一九三六年～三八年にかけて発動された。「同志スターリンから命じられたものなら、どんな仕事でも引き受ける」と語られるような体制の下で、スターリンのかつての同志たる政治局員、ジノビエフ、カーメネフ、ルイコフ、ラデック、クレスチンスキー、ブハーリンらが次々と自らの「大罪」を告白して処刑されていった。「革命の軍隊」＝赤軍の立役者、トハチェフスキー元帥も国家反逆罪とスパイ罪で死刑となった。これに幾人もの作家・詩人・芸術家などを加えて、著名人や旧指導者たち、外国人活動家の犠牲について語られることの多い「大テロル」の時代だが、真に悲劇的なことには、推定七〇万人に及ぶこの二年間の犠牲者の圧倒的多数は無名の人たちであった。

二〇歳のころこれらの事実を知ったことも手伝って、私はボリシェヴィキ的な組織活動に加わることを忌避した。そんな私でも、レーニン批判へと至る道は遠かった。ロシア革命後一〇年、近代日本の暗愚を抱え込んで自死を選んだ理知の人によって「――誰よりも十戒を守った君は/誰よりも十戒を破った君だ。/誰よりも民衆を愛した君は/誰よりも民衆を軽蔑《けいべつ》した君だ。/誰よりも理想に燃え上った君は/誰よりも現実を知っていた君だ。/君は僕等の東洋が生んだ/草花の匂のする電気機関車だ。――」という「傾向詩」（芥川龍之介『或阿呆の一生』中の「三十三　英雄」）のなかで、どこか畏敬をこめて描かれている露西亜人は、内心に渦巻くいくつもの疑問や批判を超越して、どっしりと私のこころに居座っていた。

こうして、革命（社会変革）に何かしらの夢か憧憬かをおぼえたとき、まず直面したのは、ある特定の時代状況の中では否定しきれない、（あえて言えば）共感すらおぼえる個人「テロ」と、字義どおりに恐怖政治そのものとしての「テロル」をめぐって繰り広げられてきたいくつもの歴史的現実だった。言葉の定義それ自体からして難しいこの問題は避けられるものではないようだ、と覚悟せざるを得なかった。

（二）

一九九六年から九七年にかけて起こった在ペルー日本大使公邸占拠・人質事件のとき、私は事件の本質を解き明かそうという思いで、基本的にはミニメディアでの発言を続けた。

論点は、もちろん、多岐にわたったが、私がこだわったことのひとつは「テロ」の定義づけだった。占拠事件の行為者であるＭＲＴＡ（トゥパック・アマル革命運動）はマスメディアによってほぼ例外なく「テロリスト」「テロ集団」と呼ばれた。そこには、ふたつの問題があると私は考えた。ひとつには、そう名づけた側は、「テロ」を先験的に悪と決めつけており、そこに議論の余地はないと考えていることだった。政治的・社会的事件の場合には、行為自体を肯定する／あるいは否定する立場の相違に関わりなく、その背景を探り、よってきたるゆえんを突きとめ、それを政治的・社会的・経済的に解決する方策を模索しなければならない。「テロ集団」という名づけは、問答無用の形で、彼らに対する報復感情のみを情緒的に組織する作用を果たした。Ｇ７を名乗る主要先進国とロシアも「いかなる政治的目的もこのような手段を正当化しない」として「テロリストの行為を強く非難」した。「反テロ」なる合意が、各国の政治指導者のレベルで具体的に形成されてゆくのは、この事件への対応を通してである。冷静な分析を心がける議論は、テロリストに味方するのか、との「反論」を世界のどこにあっても受けた。

ふたつ目には、ＭＲＴＡの行為を「テロ行為」と規定することに仮に同意するとして、その表現を、非国家的集団が国家権力ないし公権力に対して向けた暴力行為に限定して使うのではなく、「国家テロ」なるものも存在することを認めうるかという問題である。それは、どっちもどっちだと相殺を図る論理として、ではない。反体制小集団によるテロ行為と、歴代政府による国家テロの双方を視野におさめて、軍事的にではなく政治的に解決する道があること、この種のテロ行為の原因を生み出すのに加担していると思われる日本を含めたG7諸国やロシアが、非軍事的で政治的な解決を図る方向において協力・努力することを主張する論理である。

当時は私のもとにも、テレビ各局のニュース番組担当者による事前取材があった。「テロ」の定義をめぐって上のような私見を披瀝《ひれき》すると、一局を除いて他局のスタッフはすべて、「国家テロ」という範疇《はんちゅう》がありうるとは信じられない、とにかくゲリラが悪いのだからと語り、あるいはそんな表情を浮かべて、そそくさと席をたった。

国家は「合法性」の名の下で人の生命・財産・自由を日々奪っているとか、軍隊および警察官の実力行使や刑罰の執行などの「合法的な」強制行為はテロルとどう違うのかなどという原理的な問題提起は、もちろん、そこでは一顧だにされない。G7やロシア（旧ソ連の時代を含めて）のような諸国の政府にしても、ペルーのフジモリ政権のような第三世界諸国の政府にしても、合法性の外皮をかなぐり捨てて、直接的な、剝き出しの暴力によって政治目的を達成しようとした例もあるではないか、という提起も許容されない。

私はMRTAが現実に引き起こしている「テロ行為」は、そのとき発表されたコミュニケからすれば、先進諸国が「自由貿易市場」原理という「合法」性の装いの下で、自らの利益のために、第三世界諸国の社会的・経済的現実を自在に操作していることと因果の関係にあると考えた。フジモリ政権が行なってきた「対テロ作戦」がしばしば、ゲリラ容疑者や市民に対して「合法」性を歯牙にもかけない暴力に訴えてきたこととも関連していると考えた。それらを、不可視的な／可視的な「国家テロ」と捉える方法をもたないかぎり、双方が孕む悲劇を止揚して問題の根源に至ることはできないというのが、私の立場だった。

歴史的にも遡《さかのぼ》ってみる。「テロル」という言葉が、フランス革命時のロベスピエールの「恐怖政治」(terreur)に由来し、したがって権力側が揮う力であったことから見ても、また先に見たように、革命権力を掌握したレーニンも赤色テロルの不可避性を強固に主張していたことから見ても、「テロル」は国家が統治手段として行使するものでもある。国家権力を持たない小集団が行使する暴力のみを指して「テロ」と呼ぶ、現在一般的に通用している捉え方では現実にそぐわないことは、これらの例から見ても、明らかだと思える。

だが、ペルー事件の段階で「国家テロ」や「テロ国家」という表現が世の中に浸透することはなかった。その雰囲気にも助けられて、フジモリ大統領は武力を使って人質解放作戦を実行し、事件の「解決」を図った。一四人のゲリラは全員殺された。うち三人は、生きたまま逮捕されたが、その場で銃殺された。人質一人と政府軍兵士二人も死んだ。フジモリは軍事作戦終了後の邸内に入り、階段に横たわる指導者セルパの死体を勝ち誇って見下ろす姿を、わざわざテレビに撮影させた。解放された人質が乗ったバスの先頭に乗り込み、満面に笑みを浮かべ、国旗を振って「凱旋《がいせん》行進」をした。死者一七人を招いた事件直後の、一国の大統領の表情としては、信じがたいものを感じた。日本では、フジモリの取った手段を賛美する言論がマスメディア上にあふれた。彼を「テロリスト」と呼ぶ者はほとんどいなかった。

（三）

二〇〇二年から〇三年にかけての現在、世界じゅうに「テロ国家」「国家テロ」という表現があふれかえっている。それは米国と日本において、とりわけ目立つ。その意味では、ペルー人質事件の時とは様変わりしているが、それは私（たち）が主張してきたことが市民権を得たことを意味するのだろうか？

日本でその名指しを受けているのは、言うまでもなく、北朝鮮である。二〇〇二年九月一七日の日朝首脳会談において、総書記・金正日が北朝鮮国家機関による日本人拉致事件が本当の出来事であると認めて以来、この社会では「北朝鮮＝テロ国家」という表現が扇情的に使われている。その報道攻勢が本質的に孕んでいる問題点については、別途触れるべき機会があろう。むしろここでは、北朝鮮の恐怖政治という意味での「テロリズム」についての認識が、世間において、とりわけ左翼や戦後民主主義派の間でいかに希薄であったかということの意味を考えることのほうが、有益だと思える。

北朝鮮の政治・社会の現実を描きだす本が出始めて、すでに四〇年有余が経っている。亡命者や離反者たちによって語られることの多いそれらの証言が、どこまで信頼に値するかについては、わずか数冊しか出版されていない初期の段階では、まだしも慎重であるべきだったかもしれない。だが、山をなすほどの証言・記録集・ノンフィクション・小説が出版されて、それらの多くが、金日成＝金正日の親子世襲体制の圧政（テロリズム）について語っている以上、ことの真相を知る機会は、多くの人びとに開かれてきたと言うべきだろう。恣意的な粛清、多数の人びとを閉じこめる強制収容所、「腐敗した資本主義社会＝日本」から帰国した在日朝鮮人や同行した日本人の妻や夫に対する恐るべき処遇、身の代金の巻き上げ、厳格きわまる身分制度と党官僚の特権階級化、徹底した個人崇拝体制、そして日本人拉致……書かれていることのすべてを信じたわけでもない。読むという経験を積み重ねていけば、際物《きわもの》的な暴露本の中にもありうる「真実」と、ためにする「虚偽」とを、自ずと見分けることもできるというものだ。

共産主義の理想に幻惑された？　自分の経験に照らしてもありうることだが、時間の流れのなかで考えると、これも疑わしい。ソ連共産党第一書記、ニキータ・フルシチョフのスターリン批判の秘密報告がなされて、すでに四七年が経過した。以後、ロシア革命史に関わる封印は次々と解かれ、すでに触れたように、「聖域」レーニンにまで及んで、ことと次第は明らかにされてきている。粛清、強制収容所、個人崇拝、党＝政府＝軍を貫く特権階級《ノーメンクラトゥーラ》の形成、異民族の強制隔離・強制移住やシベリア抑留に見られる対外国人政策の恣意性……。「テロリズム」のリストは延々と続く、というべきだろう。

しかも、それらが、時期・規模・背景を異にしながらも、中国で、ルーマニアやポーランドをはじめとする東欧諸国で、ベトナムで、カンボジアで、キューバで、総じて「共産主義」を名乗る国々で、繰り返し起こってきていることを知れば、ひとり北朝鮮においてのみは、真実が別な位相にあると主張できようか？

同時代史としての現代史を生きる過程で、つぶさにそれを目撃してきた私たちは、十分に情報を、すなわち判断材料を手にしていたと言えるだろう。ステファヌ・クルトワ、ニコラ・ヴェルト（共著）『共産主義黒書　犯罪・テロル・抑圧〈ソ連篇〉』（恵雅堂出版、二〇〇一年）は読むに値するが、実はそれに頼ることもないほどに。

一部の在日朝鮮人や、北朝鮮社会にこころを寄せてきた日本人の間からあがる「拉致はないと信じてきた」という辛い告白は、上の文脈において、その意味を再解釈しなければならないだろう。特定の組織や個人だけの責任の問題ではない。運動圏総体が取り組むべき課題だ。甘かった、とも言える。口とは裏腹に、経験に学ばなかった、とも言える。見たくなかったのかもしれない。真実を知ることがこわかったのかもしれない。「民族」への幻想が強すぎたのかもしれない。指導部と民衆の乖離を冷静に見つめる視線があれば、民族幻想は避け得たのではないだろうか？　いつだって、わかってしまえば、とんでもないところに躓きの石はあるのだ……いくつもの自問自答が可能だ。

現実に存在した（している）共産主義体制の恐怖政治（テロリズム）に怯えて、夢も希望も左翼性も打ち棄てて、現存世界秩序万万歳！——という、あの退屈な、単純回帰路線を主体的に選択するのでないとすれば、〈わたしたちのテロリズム〉をめぐる自問自答とふりかえりを避けて通るわけにはいかないのだ。

（四）

北朝鮮やイラクやイランを、さらにそれに付け加えて、リビア、キューバなどを「テロ国家」とか

「テロ支援国家」と呼ぶ国こそが、世界最大の「テロ国家」であることは、知る人ぞ知る真実だ。「テロリズム」を定義することから逃げ回り、国家が執行するいかなる暴力的な行為も「テロリズム」の範疇から都合よく除外し、自分のそのときどきの事情に即して「非難するテロリズム」と「許容するテロリズム」あるいは「利用するテロリズム」を使い分ける。それが、この最大のテロ国家＝米国の、偽らざる姿だ。だから、かつての友＝パナマのノリエガは、一九八九年段階で敵となり、米国はパナマ国に海兵隊を派遣して数千人のパナマ民衆を殺戮してまでノリエガ逮捕作戦を実施した。十数年前までの盟友＝フセインも、同じくかつての盟友＝ウサーマ・イブン・ラーディンも、「最悪のテロリスト」と名指しさえすれば、イラクやアフガニスタンを一方的に爆撃するという、最悪の「国家テロリズム」を発動する。

日本にあって、「テロ国家＝北朝鮮」と感情的に言いつのる者たちが、つい半世紀前までは自分の国こそが「テロ国家」であったことを忘れており（あるいは忘れたふりをしており）、その対外的な責任をいまだ果たしていないことによって、「過去」は「現在」であり続けていることに無自覚なことも、片腹痛いことだ。これは、金正日が拉致に関してとるべき責任と相殺する論理ではない。主体的に取るべき責任の論理だ。

このように、「テロ」「テロリズム」をめぐっては、他のいかなることについてもそうだが、支配的な言語操作の本質を暴露し、これとたたかうことが必要だ。そのように考える時、私たちに残る主要な課題はふたつあるように思える。

㈠　テロ（暴力）をめぐって国家が用いる詐術は、「国家テロリズム」の存在を否定すること以外にもある。テロ（暴力）を狭義に閉じこめることである。J・ガルトゥングは言う。「狭義の暴力概念によれば、肉体的無力化または健康の剝奪という行為（その極端な形態が殺人行為である）が、行為主体により意図的に行なわれた場合にのみ暴力が行使されたことになる。もし暴力の意味することがこれにつきるなら、そして平和がこの意味での暴力の否定とみなされるならば、理念としての平和を追求するうえで、この暴力概念をより広く定義することがぜひとも必要となる」（『構造的暴力と平和』高柳・塩谷・酒井訳、中央大学出版部）。戦争がない状態でも、第三世界地域は、飢え・貧困・栄養失調・人権侵害によって痛めつけられる。多国籍企業の活動、貿易自由化、WTO（世界貿易機関）など先進国の利益を優先して組み立てられる経済秩序が「構造的暴力」となって第三世界に襲いかかる。ペルー人質事件や「9・11」などの「テロリズム」は、この視点なくして把握することも、解決することもできない。

(二) 剝き出しの暴力と洗練された構造的暴力によって支えられた支配的秩序への抵抗を試みる運動も、そのうえで作り出された体制も、「テロ」「テロリズム」の負の側面から自由ではない。ボリシェヴィキから金世襲体制まで「テロリズム」が横行し、宗教的原理主義派の無差別テロが世界中で吹き荒れている現実は、私たちが総体として、いまだこの問題に無自覚のままでいることを示している。この堪え難い「ひどさ」に慣れてしまうことなく、変質の過程を分析しうる、冷静な判断力が必要だ。「北朝鮮＝日本」問題は、現在におけるその試金石である。

●初出――『現代思想』二〇〇三年三月号（青土社）

Ⅶ　拉致問題をめぐりマスメディアが作り出す「空気」
（二〇〇三年三月五日）

北朝鮮特務機関による拉致被害者の中に、私は、親戚も友人も知人も持たない。拉致についてはひどいことだと思い、被害者と家族にある痛切な思いを馳せるが、身内がいないだけに、身内の不幸だけを強調する立場にいないで済む。被害者自身とも、その家族の人びとともに、心情的に一体化することなく、冷静に、客観的に、事態を全体として見つめようとする立場に、自分をおくことができる。

その観点から言うと、二〇〇二年九月一七日以降の、この社会のマスメディアの報道ぶりは異常の一語に尽きる。五八年もの長きにわたって国交が正常化されないままできた北朝鮮と日本がどのように国交を回復するのか、それに際して五八年前まで行なわれてきた日本による植民地支配をどのように清算するのか。本来ならば、解決すべきこれほどの重大問題が、そこにはあった。私は、植民地支配の清算の仕方に関して、平壌宣言の内容に厳しい批判をもつが、そこではまだしも、両国間にはこの問題が存在していることが、妥協的な言葉で表現されていた。だが、会談で北朝鮮の金正日総書記が、同国特務機関が一九七〇年代末期に一三人の日本人を拉致しており、そのうち八人はすでにさまざまな事故で死亡していることを認め、謝罪したことで、事態は一変した。両国間の関係正常化を阻害するのは、唯一、北朝鮮による拉致問題だけだ、とするかのような社会的な雰囲気が日本を覆いはじめ、それは今日まで続いている。

それは、マスメディアが「身内」を無限大に拡大する仕方で報道を行なっているからである。「日本人という身内」をおそった不幸と、それに対する怒りと悲しみのみを報道し、問題はそこにこそあり／そこにしかない、と無責任な扇動をしてきたからである。それを受けた世間なるものが、まるで自分も現実の被害者かその親族・友人であるかのように装っているからである。それに加えて政府が、そこに形成される世論に配慮し、自律的な外交方針をもつことを放棄したからである。こうして、一億二〇〇〇万人が総被害者であるかのような雰囲気が生まれている。

その社会的雰囲気は、半年後の現在、どこまで行き着いているだろうか。

去る三月六日、文部科学省は高卒者や大検合格者に限定してきた大学入学資格を、米英の学校評価機関が認定した外国人学校（一六校）の卒業生にも認めることを決めた。日本には現在、ほかにも朝鮮学校、韓国学校、中華学校、ブラジル人学校など一五校の外国人学校もあるが、これらは「引き続き検討する」対象とはいえ、今回は除外された。また都内のある看護学校は、朝鮮学校生の受験を拒否した。いずれも「北朝鮮への社会の風当たりが強まったことを考慮し、認めるべきではないとの結論に達した」と、隠すところもなく、当事者は語っている。

拉致を指示したり実行したりした北朝鮮の政治・諜報機関指導部と、在日朝鮮学校を卒業して日本の大学を受験しようとする学生の間に、拉致という出来事をめぐってどんな具体的な結びつきがあるかを示すことができない限り、本来、この種の公共的な政策は採用され得ない／されてはいけないはずだというのが、まっとうな判断だろう。「社会の空気／風当たり」なるあいまいなものが、ここまでの力をふるってしまう状況にまで、この社会はきている。

では、昨年の九月一七日に明らかになった新しい事態を前にして、私たちは問題をどのように考えるのがいいのだろうか。私が考えてきたのは、以下の論点である。

拉致という行為のおぞましさには、計り知れないものがある。北朝鮮の支配体制のあり方からすれば、金正日がこの行為と無縁の場所にいたとは考えにくい。被害者・家族が（日本社会が、ではなく）、責任者の追及と処罰・謝罪と補償を求めて活動することは当然のことだと思える。

問題は、日本のメディアと政府が、事実上これは特殊に北朝鮮の支配体制だからこそなし得た行為だと矮小化している点にある。これは、相殺の論理（どっちもどっち）として言うのではない。問題を一民族・一国家の特殊な問題にしてしまい、ついには自らの身をふりかえることのない居直りの逃げ道を許さない論理として言うのである。国家権力を手にした者が、侵略戦争を頂点として、植民地支配・虐殺・強制連行・拉致・拷問・死刑などの国家犯罪を内外の民衆に対して行なってきていること、その犯罪が裁かれ、行為者が謝罪したうえでしかるべき補償をなした例は決定的に少ないこと―世界各地の歴史的過去と現在を冷静に眺めれば、それがわかる。不当で異常なことだが、それが人類社会のいままでの水準だった。私（たち）は、拉致の直接的な被害者・家族でないからこそ、今回の拉致問題からも、冷静に教訓を引き出し、両国の新たな関係性のあり方をめぐって排外主義的でない考えを巡らすことができる。

そうすれば、北朝鮮指導部の拉致犯罪の責任を徹底的に追及しつつ、同時に、日本と北朝鮮が半世紀以上ものあいだ国交回復に至っていない理由も、五八年前までの植民地支配という「歴史的過去」は、いまだ未解決であることによって「現在」の問題であり続けていることも、理解できる。野次馬のように群れ集って他人の非のみを言い、拉致は現在進行形の問題で、植民地支配は過去の問題だ――と逃げ回ることが、日本政府・社会のあり方としては不当なこともわかる。

「身内意識」を離れて事態を見つめることは大事なことだ。「9・11」テロのような悲劇を経験したのは、歴史上唯一「アメリカ人だけだ」と意図的に思い込んだ米国は、アフガニスタンを爆撃し、いまやイラク爆撃を強弁する身勝手な「論理」を弄んでいる。拉致問題で一億総被害者を装う日本社会の「論理」も、北朝鮮に対して愛憎半ばする複雑な思いをいだく韓国で、きわめて一面的な印象を与えている。こうして、拉致問題をめぐってこの社会に形成されている「空気」は、ひとり北朝鮮との関係正常化を阻害するばかりではない。一九六五年の日韓条約によっては植民地問題は清算されていないと考える韓国の人びとも、日本社会で日々生きづらさを感じている在日朝鮮人も、この「狂奔ぶり」をじっと凝視しているのである。

●初出――日本ネグロス・キャンペーン委員会機関誌『ハリーナ』第八三号（二〇〇三年四月）

Ⅷ 「イラク危機」＝「北朝鮮危機」に自縄自縛されないために

筑紫哲也・姜尚中対談を読む

（二〇〇三年四月七日）

ひとがものを言うということは、なかなかに微妙な問題を孕むものだな、と自戒をこめて、あらためて思う。筑紫哲也《ちくしてつや》が姜尚中《カンサンジュン》との対談「ブッシュの誤算　小泉の醜態」（『週刊金曜日』四月四日号）で次のように言っている。

「［米国政治の異端な存在であったラムズフェルドらネオ・コンが政治の真ん中に出てきたのは、九・一一がきっかけだった。日本にも相似形がある。北朝鮮による拉致事件をめぐって起きたことだ］。拉致被害者支援団体「救う会」の中心にいる人たちは、もともと日本の世論の端っこにいた。その彼らが「真ん中」に出てきてしまった。首相官邸の意思決定にも大きな影響力を及ぼしたし、何よりも「拉致家族」が自分の陣営にいるということが、強いカードだった。そして、そうでなくても腰が引けてしまいがちなメディアに対しても、監視装置として強い力を持つようになった」。姜は答えて、言う。「まったく同感です。メディアの表舞台に出てこなかった人たちが、「わが世の春」という形で登場している。「拉致の事実」という大義名分があるので、メディア側もそれをハンドリングできない」

ふたりが言っていることは、事実としてそれほど間違っているわけではないかもしれない。だが、社論としての統一を図るフジサンケイグループおよび読売系列の言論メディアへの台頭、書店店頭で見るかぎりでもわかる『正論』『諸君！』『ＳＡＰＩＯ』などの、他の雑誌との関係における相対的比重の増加など、この十数年の動きを知っている者から見れば、彼らが「世論の端っこにいた」のははるか昔のことで、その言論内容は、大衆社会の中にムードとしては浸透を続けてきていた。ソ連社会主義の崩壊以降は特に、旧来の左翼・進歩派の「転向」が相次ぎ、言論の分布状況に大きな変化が生じており、「世論の端っこ」の意味合いそのものが変わってきていた。

確かに、彼らがテレビ各局や「産経」以外の新聞にまで登場しはじめたのは「拉致問題」が社会化した昨年秋以降ではある。だがそれを、いささかの皮肉か批判かをこめて指摘しているのが、視聴率の高い深夜のニュース番組のキャスターを長年務めていたり、大学教授としてテレビ・雑誌・新聞メディアに出ずっぱりの人間であるからには、決して小さくはない違和感をもってしか、読むことはできなかった。ふたりは、マスメディアに登場するというレベルでいえば、いわばきわめて特権的な場にいつづけている人物である。「メディアの表舞台に出ている」人間が、他者が同じ舞台に登場することに対する「批評」としては、引用した発言は自己批評を欠いているのではないか。

自分がメディアの「真ん中」に出ていることは、どういう意味なのか。自分のメディアへの登場の仕方は「わが世の春」を謳歌しているわけではないのか？　その視線なくしては、他者批評は不可能ではないのか。加えて、筑紫が担う番組「ニュース23」は、ただでさえ「腰が引けてしまいがちなのか」、「救う会」が登場して「監視装置として強い力」の圧力下におかれているのか。少なくとも、それへの言及はなされるべきではないか。姜が言う「拉致の事実」も、このような触れ方では、批評にもならない「ぼやき漫才」に終わってしまう。上出来のぼやき漫才なら楽しんで笑うこともできるが、このような文脈で「拉致の事実」を軽く流す（姜に、そのつもりはないことは理解している）物言いが、「救う会」の言動が大衆社会の中で生き延びることに手を貸すことにはならないか。こんないくつもの思いが浮かび、ふだんはもう少しすんなりと胸に入るふたりの発言に複雑な感想をいだいた。

ところで、事実として、「救う会」メンバーはますますメディアに登場している。米国大統領ブッシュが、三月一七日イラクに対して最後通告の演説をしたとき、三月一八日付『朝日新聞』夕刊は「識者・関係者の談話」の中で「救う会」会長佐藤勝巳の意見を取り上げている。

「テロをなくすためにはイラクへの武力行使もやむを得ない。テロを許すか否かという点で国際社会の意見が分かれてきていると感じる。北朝鮮への対応も同じ。厳しい態度で臨む国と甘い姿勢しかとれない国に分かれるだろう。［日本政府の米国支持表明については］結果的には正しいが、単なる対米追従路線の延長で主体的な意思表明とは思えない」

「テロとは何か」という本質的な問いはもちろん、「テロ」と「イラク」を結びつける根拠を問うことも、いまの佐藤には意味はないだろう。ふだんの、その大雑把な言動からして、最初の一文が自動的に口をついて出てくる立場に佐藤は自らを置いていて、動じないからである。むしろ、社会状況全般の問題として、イラク情勢を語りつつ、それを常に北朝鮮情勢と連動させるという、現在のメディアの情報の提供の仕方にどんな問題が孕まれているかを見逃してはならないのだろう。「イラク危機＝北朝鮮危機」という情報「操作」が、無意識のうちに私たちの中に作り出す「思い込み」と「すり込み」に自縄自縛されないように。

「救う会」ばかりではない、拉致被害当事者や家族の思いと動静も頻繁に報道され続けている。四月一日付『読売新聞』は横田夫妻の「イラク戦争で揺れる思い」と題する記事を掲載している。父親は「国連を無視した形のアメリカのやり方は、良いとは思えない」と語り、母親は「戦争は悪いに決まっている。でも、独裁者とは話し合っても無駄です。話し合いに応じないから、フセイン大統領は査察をさせないし、金正日（総書記）はめぐみを返さない」と語る。

インタビュー記事のため省略による不正確さもありえようが、ふだんは冷静な言動を保つ母親が、「査察」ひとつについても事実を踏まえない発言を行ない、それが記事になることには、確かに、筑紫と姜が指摘したかったのであろう問題点が視えてくると思える。

●初出――『派兵ＣＨＥＣＫ』第一二七号（二〇〇三年四月一五日）

IX　拉致被害者が語る言葉から考えたこと

蓮池透著『奪還』を読む

（二〇〇三年五月一三日）

「奪還」とは、かつて左翼の用語であった。その路線への賛否は別としても、一九七〇年沖縄闘争のときには「沖縄奪還」のスローガンを掲げた党派があった。いまや解散した日本赤軍は一九七七年、日航機を乗っ取り、目標のひとつであった「獄中者奪還」を実現した。時は移ろい、いま新聞に大広告が載って書店に山積みになっているのは蓮池透著『奪還』である（新潮社、二〇〇三年）。副題に「引き裂かれた二十四年」とある。もちろん、北朝鮮による拉致被害者のひとり、蓮池薫の兄が書いた「怒りの手記」である。

拉致被害者に対する個別取材は、帰国後一貫して許されていない。メディアが、被害者の家族の人びと、救う会、拉致疑惑日本人救援議員連盟の言動に対して批判を行なうと、以後の取材が拒否されるなどの差し障りが生じるとの怖れをメディア側はもっており、実際にその報道内容が「関係者」の逆鱗《げきりん》に触れて、一時取材制限されたメディアもあるという。被害者本人がメディアの前に出て語ることもあったが、その場合の会話は当たり障りのないものに終始しており、いくらか立ち入った機微にふれる内容の発言は、親・兄などの口を通して社会に伝えられるだけである。つまり、口承である。口承は、伝説や文学の場合には独自のおもしろい世界を生み出すが、この場合は深刻にして重大な社会的・政治的テーマであり、自ずと性格が異なる。

いままで、そのようにして伝えられた被害者の発言には、思うところも多々あったが、口承の過程での「変型」の可能性も考え、それに基づいて何事かを発言することは控えてきた。発言を控えた理由はほかにもあって、北朝鮮にそれぞれの家族は生活しており、彼（女）たちは、立場上率直に物事を語る条件を持ってはいない。家族会、救う会との関係からいっても、同じことだろう。漏れ伝わる言葉のはしばしで、第三者が何かを解釈したり、感想をおおやけに言うのは気の毒だろうと考えたとも、伝えられる「被害者の言葉」なるものへの感想を控えてきた理由である。

『奪還』を読んで、その思いが少し変わった。著者は、被害者五人の帰国前から、ひょっとしたら弟が北朝鮮によって「洗脳」されているのではないか、と恐れている。帰国直後は、その危惧が当たっていたとしか思えない発言を、弟・薫は次々と行なう。兄・透が書いているとおりに、それらの発言を引用してみる。

死亡したと北朝鮮側が発表している増元るみ子の、弟・増元照明は、帰国翌日に行なわれた被害者と家族の面会時に「もし拉致被害者とその家族全員が帰ってきたら、金政権を打倒してやる」と言ったが、蓮池薫はあとで兄に対して、「何だあの人は。日本人はみんなああいう人ばかりなのか。ああいう思想は危険だ。兄貴も同じ意見を持っているのか」と言った。同じ日の夜、北朝鮮へ「戻る」日取りの相談をしているとき、家族からは「北朝鮮に戻る必要はない」という意見も出て、会議は紛糾する。その後で弟は言う。「われわれは朝鮮から国交正常化のために来た使節団だ。正常化すれば、自由に行き来できる」「俺がここに来たのは朝鮮公民としてだ」「俺は向こうで日本が過去にやってきたことを肌で感じた。自分でも勉強したし、いろんな招待所で話も聞いた」「拉致は許した。責任ある人が俺に謝ったんだ。みんなよくしてくれた。だから許した」

また別な日には「アメリカはひどい国だ。イラクを攻撃することは許せない。アフガン攻撃もひどい。強大な力を背景に力のない国を征服し始めている。あれは帝国主義だ」「日本は有事法制を変えたな。アフガンにも自衛隊を派遣したじゃないか」。(それは誰かに強制されて言っているのではないか、と問う兄に答えて)「誰からも強制されていない。俺は自分で勉強したんだ。そしてその(主体)思想に共鳴したんだ。俺は祖国統一のため、朝鮮公民として尽くす」

北朝鮮の体制を思えば、蓮池薫がこのように考えるようになったのは、絶対的な権威を誇る立場の者からの、一方的な、イデオロギーの注入過程によってだ、と考えることはできる。相互対話性・相互浸透性を欠いた、強制力を伴った「思想教育」が、結果的にいかに脆《もろ》いものであるかということは、ソ連・東欧圏の社会主義体制の崩壊後に起こっている現実によっても裏づけられている。「朝鮮公民として」という言葉にも、かつて日本が朝鮮民衆を「皇民化」し、「皇国臣民ノ誓詞」を強要した歴史を思い起こし、天皇制の陰画とも言うべき金日成＝金正日体制が強いた「教育」の「成果」を見る思いがする。

だが、兄によって記された蓮池薫のこれらの一連の発言を、その後の日本社会を覆い尽くしている、情動的なナショナリズムの悪扇動の中においてみると、これらの思いが、来るべき新たな日朝関係構築のために有効に生きる場所がなかったものか、との思いが浮かんでくる。かつての親友との対話の中で蓮池薫は「俺の二十四年が無駄だったというのか」と叫んだという。ここには、拉致という許しがたい行為と、北朝鮮での生活における思想教育の一方的なあり方と向き合い、これを克服し、主体的な立場で物事に当たろうとしてきた蓮池薫の切実な思いが込められていると思える。被害者たちは、否応なく、こんな思いを胸に秘めて前向きに生きていこうとしていたのだろう。

酷薄な国家が強いる不条理な運命に対して、個々人が抗うことのできる範囲は小さい。だが、拉致された先の北朝鮮において日朝関係史を学ぶなかで日本国家の本質を摑み、拉致されたという事実で北朝鮮国家の冷酷さも身に染みて知っている被害者は、だからこそ両者に向かって何事かを明確に言い得る立場にあるのではないか。被害者たちは、両国双方が犯した国家犯罪を贖罪し、許し合い、和解を生み出すために、(不幸な出来事が機縁とはいえ)またとない媒介の位置にいる人びとなのではないか。

現実には、「洗脳状態」から弟たちを救い出そうとする蓮池透たちの努力は、効を奏しつつあるようである。北朝鮮との戦争も辞さないと断言する好戦的な人物が綴る「家族愛」の物語を読みながら、私は「失われた可能性」を考えずにはいられなかった。

●初出——『派兵CHECK』第一二八号(二〇〇三年五月一五日)

第三章　過去と現在の往還の中で捉える拉致問題

Ⅰ　明かされていく過去の「真実」

「T・K生」の証言を読む

「9・17」日朝首脳会談以降のおよそ一一か月間、北朝鮮—日本問題を集中的に考え続けながら何度も思ったのは、私たちの多くが一九七〇年代から八〇年代にかけてほぼ共通してもっていたひとつの性向について、であった。それは、朝鮮半島南半部（韓国）軍事独裁体制およびその下での民主化闘争に対する熱烈な関心と、北半部（朝鮮民主主義人民共和国）世襲独裁体制およびその支配下の声なき民衆に対する徹底した無関心とが共存していたという事実について、である。それがなぜであったかは、自分たちの主体に則して検証すべきことではあるが、今回は、韓国に対する私たちの関心を高めるに大きな影響があった「T・K生」が遺した記録のことに触れたい。

「T・K生」とは、雑誌『世界』（岩波書店）の一九七三年五月号から八八年三月号まで、実に一五年ものあいだ「韓国からの通信」を書き続けた人物のペンネームである。朴正熙および全斗煥体制下で、いかに人権が抑圧され民主化運動が弾圧されたか、日本からの在日韓国人留学生がいかにスパイ団として「デッチ上げられて」きたかなどについて、この匿名通信は詳細に報告した。雑誌連載分が一定の量になると、それらは次々と岩波新書としてまとめられ、私たちは、この時代の韓国軍事政権の「実態」を、この報告を読みながら把握できたと思い込んでいたと思う。

私は、当時の時代状況からいって、これが匿名で書かれていることは仕方のないことだろうと考えてはいた。また連載が回を重ねるにつれて、記述が伝聞・推定の部分が多く、街の噂話も拾われていることが気になり始めたが、それはむしろ、すべてを「真実」と捉えるよりも、韓国社会の鼓動が伝わってくるものとして考えればよいとする立場であった。ただ八〇年代に入って翻訳・紹介が格段に進んだ韓国現代文学のいくつかを読みながら、「韓国からの通信」の重要性は認めつつも、それが基盤としている「軍事政権の独裁支配」というキーワードだけで、現代韓国をすべて理解したと思ってはいけないと自覚した。

連載最終回は八八年三月号だったが、T・K生はそこで大韓航空機爆破事件に触れた。「韓国の民主化勢力の間における共通の認識」として、「韓国にとってはオリンピックを前にそのような［北の仕業といい得るような］事件が必要である」とか「［北の工作員を］泳がせておいて、大事件にして北を孤立させるのに使おうとした」などの見解が示されていた。北朝鮮指導部の方針に対する批判がいっさいないままに、謀略史観に基づいて事態を分析する方法には大きな違和感をおぼえ、「韓国からの通信」はその使命を終えるべくして終えるのだと思った。

その後「T・K生」をめぐっては、いくつもの憶測が、陰に陽になされてきた。私は正体暴きには関心がなかったが、自分にもった影響力は否定し難いので、時期が来たら可能な限り真相が明かされることを期待はしていた。

連載終了から一五年、「T・K生」が名乗りをあげた、と報道したのは七月二六日付『朝日新聞』

であった。ソウル特派員が宗教哲学者、池明観《チミョンガン》（現在、翰林大学日本学研究所長）と会見し、当時日本に在住していた彼が「Ｔ・Ｋ生であったことを認めた」と報じたのである。「連載内容の八〇％以上は正確だったと思う。しかし、例えば獄中から出てきた人たちが『こう闘った』と言った場合の伝聞情報を間違えたり、誇張されたりしたことはあった」とか「北朝鮮批判はほとんどしなかった。我々は南の軍事政権と闘っているのだから、北の問題を強調しすぎることで戦線を分断させてはならないと考えた」などの発言が印象に残った。追いかけるように『世界』誌九月号には『国際共同プロジェクトとしての「韓国からの通信」』と題する池明観への特別インタビューが載った。聞き手は編集長、岡本厚である。

ここでは、主としてキリスト者のネットワークによって韓国からの情報が持ち出されたなどの、興味深い逸話が明らかにされているが、もっとも心に残る池明観の言葉は末尾近くの次のものだった。

「長いこと悩んでいたことを一つだけ言わせてください。闘いの書というのはつねに闘う方を過度に英雄化します。このことと歴史的事実との隔たりの問題で私は苦しんできました。事実、真実、真理などの問題といいましょうか。そのために特に勝利の日には敵対関係を超えて一つにという理想をいだいて苦しみました。しかし現実はどうもそうはいかないもののようです。この年になって革命家の老後における悲しさが多少はわかるような気がいたします。避けられない状況とはいえ、このような匿名の通信をおことわりもないまま長いことお送りしたことを、ほんとうにお許し下さるようお願いいたします」

「韓国からの通信」を読んでいた私が途中からもったわだかまりが、原著者との想像上の会話で、少しだけ解きほぐされていく感じがした。他方、ふたりの対話者は、『世界』元編集長、安江良介の南北朝鮮に対する態度に関して、「日本人には朝鮮人を批判する資格は倫理的にない。すべて日本人が悪い」とする立場を貫いたとの評価で一致している。度重なる金日成との会談でも「面と向かっては、金日成の側近が真っ青になって立ち上がるくらいの厳しい批判をしたが、それを日本へ帰っては絶対にしゃべらなかった」（要旨）との証言もなされている。朝鮮人をつねに絶対的に擁護する安江に対して池明観は「それは現実じゃない」といって抗議したが、安江は独自の考えを変えることはなかったという。戦後史における、朝鮮――日本関係を省みるうえで忘れることのできない存在としての安江＝『世界』の問題性は、やはり、安江のこの不動の信念に胚胎されていたと思うほかはない。

●初出――『派兵ＣＨＥＣＫ』第一三一号（二〇〇三年八月二五日）

Ⅱ 『「拉致」異論』以後

二〇〇三年七月に『「拉致」異論』を出版して以来、この問題をめぐって一年間におよそ五〇回の講演を行なった。拉致問題については、私のような立場からの発言が極端に少なかったことが、その理由だろう。一年間が過ぎると回数はぐっと減ったが、それでもその後も、全国各地の人びとの前で、私の考えを述べ、参加された方々と討論する機会があった。どんな人びとが私を呼んでくれたのか、どんな人びとがそこに集まっているのか。その人びとの思いは、マスメディアがひとつの方向でのみ報道する「民意」とどう重なっているのか、あるいは、いかに食い違っているのか。それぞれの観点から見て、深い印象を受けた。決して一様ではない、多様な意見が、この問題をめぐっても存在していることを確認できたのだから、『「拉致」異論』を書いたばかりの私にはうれしかった。各地で講演会を企画して下さった方々への感謝の思いは尽きない。講演目的ではなく、この問題に関連する風景やものを見るために訪れた場所もあった。そのなかからいくつかの思い出を記しながら、『「拉致」異論』以後の問題を考えることにしたい。

1 高月

二〇〇四年のある日、福井市の方々から招きを受けた。福井市からは離れているが、帰国された拉致被害者のうち一家族が住む小浜市のある県である。拉致被害の現場になっていた地域だけに、町の雰囲気は想像に難くない。直接の被害者がどんなに落ち着いた言動をしていても、周辺にいる人びとが、あるいはメディアで報道される限りでの社会全体が、異様なまでに一面的な反応を示しているのが、拉致問題の特質だ。こんな集まりを開くのは、主催者には勇気が要るだろうな、と思ったことだ。

その福井へ向かうに当たって、東京に住む私には、途中で寄りたい場所があった。滋賀県は琵琶湖北岸にある町、高月である。東京発の東海道新幹線を米原で降り、北陸本線に乗り換えて二〇分足らずで高月に着く。近江地方は朝鮮からの渡来人が古くから仏教を伝えた土地だが、なかでも盛んだった天台宗が本尊とした十一面観音像の多いことで知られる。とりわけ惹かれるところのある、高月は渡岸寺《どうがんじ》のそれを観ること、そして、江戸時代中期の儒学者、雨森芳洲《あめのもりほうしゅう》（一六六八～一七五五）の庵を訪れること――それが高月途中下車の目的である。

拉致問題をめぐって沸き起こる日本ナショナリズムの渦中にいると、その熱狂から遠く離れて、こんなときこそ、「国家人」、すなわち「国民」としてではなく、人間は社会的な動物であるという意味においての「社会人」としてふるまう人や、それを象徴する事跡、それを背後から包み込む風景などに触れたくなる。せめて、わが心は冷静に保ちたいのだ。二〇〇二年末、福岡を訪れた際に、佐賀県名護屋城跡そばの歴史博物館や福岡県飯塚市の「朝鮮半島との歴史の歩みを記す歴史回廊」まで足を延ばしてみて、そのような態度の大切さを痛切に思った。

高月を訪れたのは、その延長上の話である。渡岸寺の、人気《ひとけ》の無い観音堂の中で十一面観音像に向き合う。私には信仰心はないのだが、その静謐な表情と優麗な姿態の前に立ち尽くす時間を、福井へ行く前にどうしても持ちたかった。このような「表現」に向き合っていると、実は恐ろしいことでもあるのだが、自らの内面との対話が避け難く生まれる。

拉致問題への発言を続けなければならないと私が心に決めたとき、対峙すべき相手は三方向にある、と考えた。ひとつは、拉致事件を生み出した北朝鮮の支配体制に対する批判である。ふたつめは、自らの歴史的過去に向き合うことなく、北朝鮮が犯した拉致犯罪のみに問題を凝縮させてしまう、日本ナショナリズムの悪扇動に対する批判である。三つめは、「北朝鮮」なるものが孕む諸問題に対して無自覚・無批判であった（自らを含めた）日本の左翼・進歩派に関わる批判である。いきおい、他者に対する批判が先行する。それだけに、他人の非を言いつのるだけに終るのではない、自己内対話の時間が必要だ。渡岸寺の十一面観音のような存在が、その機会を与えてくれるというに類した経験は、誰もがもつだろう。もちろん、それを見つめていると、朝鮮からの最初の渡来人以来の「在日」の歴史も、猛スピードで頭を駆け巡る。そんな時間をもつことによって、私は、この時期の社会的な雰囲気の中で、辛うじて精神の均衡を保つことができた。

他方、雨森芳洲は、高月の出身者だが、知る人ぞ知る、対馬藩に仕えて対朝鮮外交に当たった人物である。朝鮮の人びとが「倭乱《ウェラン》」と呼ぶ秀吉の朝鮮出兵は、一五九二年と一五九八年の二度にわたって強行された。朝鮮の国土は戦乱によって荒廃し、多数の死者が出た。秀吉軍は朝鮮人に対して鼻切り、耳殺ぎなどの残虐行為も行なった。日本へ拉致した人びとの数は三万とも五万とも言われている。その中から、日本に定住し陶工となって窯を開いた人もいれば、儒学を伝えたり、世界最初の金属活字の技術を伝えたりする人びとが生まれたことは、よく知られている。

日朝国交断絶をもたらしたこれらの一連の行為を思えば、国交の修復がどんなに困難な作業であったかの想像がつく。倭乱終結からわずか九年後の一六〇七年、朝鮮通信使が来日している。対朝鮮交易に藩財政確立の死命を握られている対馬藩が、早くも一五九八年末から使者を釜山に派遣し関係修復に努めた結果である（戦乱直後に派遣された使者のなかには、帰ることのなかった者も出たという）。

雨森芳洲は、一八歳のときに江戸へ出て、新井白石などと共に木下順庵の下で儒学を学んだ。二二歳のときに朝鮮との関係においては藩独自の政策をもつ対馬藩に職をもつことになった。朝鮮向御用方佐役（補佐役）である。芳洲は七回にわたって釜山の日本人町・和館（倭館）に赴き、朝鮮語を習得し、朝鮮通信使には二度、対馬・江戸間の往復に随行した。日本と朝鮮の狭間で、ずいぶんと苦労を重ねる立場に芳洲はいたようだ。それだけに彼は、役目を退くに当たって自らの外交体験をまとめて藩主に提出した。遺言というべきその『交隣提醒』を読むと（高月町古文書クラブが編集した書下し文、二〇〇一年）、芳洲の隣国理解の深さがよくわかる。

芳洲には元来、文禄・慶長の役は「無名の師」（名分のない戦）であり、日本軍は「両国無数之人民ヲ殺害」した、という歴史観があった。朝鮮通信使は「朝貢するにあらず、好み（信）を通じるのみ」として、見下して朝貢使扱いする風潮を諌めてもいた。この確固たる信念に基づいて、『交隣提醒』では朝鮮国との外交においては「誠信の交わり」、すなわち「誠実と信頼による真実の交わり」が基本であると説いた。対馬藩の対朝鮮外交政策を司る芳洲が、このような考えの持ち主であったからこそ、（ここでは、日本側の事情だけに注目するが）日朝関係は、困難な時代にあって相互理解への道を確実なものにしていたと言える。若くして対馬藩に赴任したのち故郷に帰ることのなかった芳洲の遺徳を偲んだ郷里の人びとが、地元の一角に「東アジア交流ハウス雨森芳洲庵」をつくり、文字通り、異民族交流の場所として活用しているのには、十分な理由がある。

朝鮮通信使の研究は、近年急速に深まりつつあり、視点も広がりつつある。通信使の服装、迎える日本側との挨拶の交わし方、街中を行く一行周辺に群れる町人の様子など、図像学的な観点から分析してみることも興味深い。二〇〇七年は、最初の通信使から四〇〇周年を迎えたこともあって、かつて通信使一行が訪れた日本の複数の町々で、仮装行列も含めた記念行事が行なわれた。地域の民間と行政の双方のレベルで、異民族交流のこの「経験」を大事にし、記憶に留め、何事かに引き継ごうとする努力が行なわれていることに、心が惹かれる。とりわけ、現在の拉致問題をめぐる状況と重ね合わせて考えると、いくつかの重要な教訓をそこから引き出すことができる。

結論的に言うならば、現在のこの社会に（とりわけ、為政者側、拉致被害家族、救う会）には、「芳洲的な」人物は存在していない。すなわち、透徹した歴史認識と冷静な政治哲学を持つ人物が不在、である。拉致問題にことのほか熱心であるがゆえに「国民的人気」が高いとの報道が意図的に流され、選挙でその人気にあやかろうとした与党が総裁に選んだ男がいた。彼は首相になったものの、直面する諸問題の歴史認識に関わって、極右ナショナリストとしての自らが内心に隠し抱く本音と、外交上は口にせざるを得ない建前との矛盾に引き裂かれて、いつしか無様な形で潰えた。この人物と、芳洲の言動とを、時代を超えて比較してみればよい。北朝鮮が行なった日本人拉致については強硬な発言を繰り返すことで国内的な人気を得たその政治家は、旧日本軍が行なった軍隊慰安婦制度の批判的な解明や謝罪には消極的な態度を示し、姑息なごまかしの言葉で対応した。それは結局、彼が「盟友」と信じた米国の支配層からすら「二枚舌」との批判を受ける結果を招き、彼が首相辞任に追い詰められてゆく重要な理由のひとつをなした。肝心の拉致問題についても、彼の在任期間中に、解決のための前進は一歩たりとも見られなかった。ひとりの政治家が国内で人気を得ることができた理由が、そのまま、国際的な試練と批判には耐えることができなかったという事実は、もっと注目されてよいと思える。なぜなら、失脚した元首相＝安倍晋三が抱え込んでいた自己矛盾は、拉致問題報道を通して見る限り、残念ながら、この社会全体が共有していた（いる）と考えられるからだ。自らの過去と現在（植民地支配責任と戦争責任）を問い返すことなく、他者の罪のみを言い募っているという意味において。

これとは対照的な形で立ち現われている現実もある。芳洲庵には、韓国からの修学旅行生たちがよく立ち寄るという。当然にも、地元の子どもたちとの間で交流の催しが行なわれる。朝鮮語の学習会も行なわれており、地元の子どもたちがサムルノリの踊りの練習場にも利用している。「東アジア交流ハウス」は、名実ともに生きる場を得ていると言えよう。芳洲庵のある高月だけのことではない。これに、先に触れたことだが、朝鮮通信使四〇〇年行事が二〇〇七年に多様な形で各地で行なわれた事実を付け加えて考えてみよう。すなわち、民衆レベルにおける民族間交流の可能性は、意外なまでの広がりをもちえているということである。もとよりそれが、的確な歴史認識の共有や相互理解に繋がる道には、なお険しい障害があるだろう。だが少なくとも、拉致問題をめぐる政府の一方的な宣伝やマスメディア上における報道が、きわめて一面的な、悪扇動のためのものに堕していったのとはきわめて対照的な底流が、この国の地域社会にはまだ息づいていることを、それは意味している。それこそが希望の根拠であるように思える。

さて高月で、上に述べた意味での心の安らぎと確信を得た私は、福井へ向かった。私を招いてくれた人びとは、反原発運動にも取り組んでいる人びととも重なっていた。この社会が抱える本質的な問題に関わる人びとは、現在は少数かもしれないが、諸問題を総合的に、複眼で見ていることがわかる。翻って、福井の無防備な「原発銀座」を推進し容認する支配層の人間が、北朝鮮の軍事的脅威を誇大に言い立てているのは、笑止というべきか、皮肉なことだというべきか。ミサイルによる攻撃を仕掛けてくるかもしれない「仮想敵国」が海の向こう側に本当に存在していると恐れていながら、九州にも北陸地域沿岸にも数多く原発を稼動させたまま放置できるのならば、その論理にはどこかに虚偽がまじっているだろう。原発を止める必要はない、つまり北朝鮮からのミサイル攻撃はないが、その軍事的脅威を言い立てて、日本の軍事力増強の口実に使えばよい――彼らが内に秘めるこの真意が、透けて見えてくるのである。

2　横浜・工作船展示場と新潟

北朝鮮の「軍事的脅威」を人びとに見せつけている恰好の展示場を訪れたのは、二〇〇七年春のことだった。

横浜市中区の新港埠頭に「海上保安資料館横浜館」がある。そこには、北朝鮮工作船の特別展示場が設けられている。二〇〇一年一二月二二日、海上保安庁は九州南西海域に不審船がいるとの情報を防衛庁から入手した。直ちに巡視船と航空機が現場に急行し、不審船を捕捉するための追尾を開始した。同船は停止命令を受けたが逃走したために、日本側は20ミリ機関砲による上空・海面への威嚇射撃および船体射撃を行なった。その後、同船は、海上保安庁の発表によれば「自爆用爆発物によるものと思われる爆発を起こして沈没」した。

乗組員一〇人の死体を解剖し、武器・衣類・食品などの各種遺留品を分析した結果、同船は九州周辺地域で覚醒剤の取引に従事していた北朝鮮の船であると断定された。加えて、金正日総書記が日朝首脳会談で、軍の一部が工作船派遣に関わっていたことを認め、謝罪し、二度と繰り返すことはないと約束したので、さまざまな任務を帯びた北朝鮮船舶が日本周辺に行き来していたことは、責任当事者によって確認された。

後日引き揚げられたその工作船が上記の場所で公開されており、各種遺留品の展示も行なわれているのである。それを見ると、怒りと悲哀の感情が同時に湧いてくる。怒りとは、もちろん、工作船を派遣した北朝鮮支配体制の頂点に立つ者たちへのそれである。時代状況の的確な分析を誤り、自国と他国の民衆を無用な行為に駆り立てておきながら、自らは安全地帯にいて、危険な外交政策を弄ぶ——それが、金正日体制の本質であることを私は『「拉致」異論』で述べたが、それを再確認するような光景であった。

悲哀というのは、この工作船の船内で、日本側の追尾をうけながら、おそらく絶望感をいだきつつ自爆して果てた一〇人の、名もなき朝鮮人乗組員に対しての感情である。粗末なウェットスーツの遺留品がある。常時離すことなく身につけていたのであろう金日成バッジもある。「ああ党よ、この子は永遠にあなたの忠臣になろう」という意味の朝鮮語が書かれた木片もある。本心がどこにあったかは知らないが、この期に及んでも彼らが「党」に語りかけざるを得なかった流儀に、私は深い哀しみを覚える。金日成・金正日父子が絶対権力者として君臨してきた党、多くの仲間がその名の下に粛清され続けている党、民衆を奴隷のごとく踏みつけにして恥じない党——その「忠臣」になるという、彼らの死に際の心情に。

時間と空間を移すと、この悲哀の思いは、次の情景にも重なっていく。私はその後まもなく拉致問題について講演するために新潟市を訪れたが、中学一年の女子生徒が一九七七年に拉致された現場と、現在は「雪捨て場」と呼ばれる付近の海岸を歩いた。住宅市街区のたたずまいも、海岸の様子も、当時とはすっかり様変わりしていることだろう。三〇年近く前の事件の「情報提供」を呼びかける警察の立て札は、それだけに、少なからず奇異に見えないこともない。しかし、ここで、まぎれもなく悲劇は起こった。ひとりの少女の運命はここで暗転し、家族も苦しみと悲しみの人生を強いられることになり、それは今も続いている。もちろん、この行為には、姿を見せない陰の指導者とは別に、具体的な加害者がいる。工作船に乗って北朝鮮から新潟海岸にたどり着いたのは、任務の過酷さからいって、若者たちだったであろう。主体思想に「洗脳」されていた彼らは、ひとつの疑問もなくその行為を行なっただろうか？　揺らぐ心を押し殺しての行為だっただろうか？　独裁的な権力者によって、思うがままの任務を強制された若者たちの心根をめぐっては、終わることのない問いが生まれてくるが、私には答えるすべがない。

解決の目途をどこにおくべきか、容易には見えない。だから、直情的な怒りと憎しみの感情がこの社会を支配することになる。被害者を「聖域」において、社会全体がその感情に呑み込まれる。問題解決の任に当たるべき政府も、被害者に一体化した世論に逆らうことはできないと考えて、憎しみの渦の中に身を投じるから、政策的には無策をかこつことになる。二〇〇二年九月一七日の日朝首脳会談から五年有余、無為に流れた時間を噛みしめてみれば、よい。

でも、私は『「拉致」異論』以後四年有余の間に、それとは違う価値観をもって発言し行動する人びととの出会いによって、絶望感から救われた。そのいくつかを具体的に挙げてみる。

㈠　新潟に私を招いてくれたのは、一九九七年に朝鮮民主主義人民共和国の子どもを支援するための連絡会の活動に、何らかの形で関わってきた人びとや、同じ志をもつ人びとである。一九九五年の阪神大震災に北朝鮮からも援助物資が送られてきたことから、その直後に風水害に見舞われた北朝鮮への支援が始まったというエピソードは、民衆レベルの相互扶助活動がどんなきっかけで始まるかを、簡明に明かしている。だが、北朝鮮が食糧不足問題に苦しんでいると考えて、援助米や肥料を送り届けることに主眼をおいてきたその活動が、とくに二〇〇二年九月以降は、どんな現実に直面することになるか。それは、私たちの想像力の範囲にあるだろうか？　万景峰号の入港のたびに全国から抗議行動に押しかけてくる右翼街頭宣伝車による嫌がらせの行動、拉致被害者救援組織からの敵対視、食糧援助を「理解しがたい行為」と議会で公言する首長、日常生活圏にあるに違いない「世間」の白眼視——活動記録を読むと、連絡会は、この圧倒的な潮流に抗うように、援助活動、報告会開催、メディアを通しての自分たちの立場の表明などを積み重ねている。北朝鮮指導部への批判を、この人びとも、当然にももっている。拉致問題解決の必要性を、訪朝時の連絡役にも強く伝えている。同時に、「調査なくして支援なし」の原則の下に、連絡会の人びとは現地で自らの目が届く場所に援助品を確実に送り届けていた。しかし現在、日本政府が発動している北朝鮮船籍の入港禁止措置によって、万景峰号を使っての交流は途絶している。「制裁」や「臨検」などの戦争用語を使っての相手国封鎖措置と、地道に続けられてきた民間交流の、いずれが両国関係の改善に寄与しうるのか。芳洲は、数世紀後の時代を生きる私たちに、彼の遺書『交隣提醒』を参照すべきテクストとした応用問題を出しているのだと言える。

(二) 何処とは言わず各地の講演会には、在日朝鮮総連に属すると思しき人びとの参加があった。この組織が従来きわめて厳しい組織的な締め付けを行なう体質をもっていることは、少しでも総連のことを知る者には常識である。金日成・金正日父子体制に対しても、その傘下にある総連の方針に対しても批判している私のような者の講演会にまで、総連関係者が聞きに来ていること自体に、私は、一部成員の危機意識の現われを感じた。『「拉致」異論』で展開した考え方の延長上で話をしても、討議の時間になると、従来どおりの紋切り型の口調で発言する総連の人が、稀にはあった。私が行なった金父子体制批判に対して、強烈な反発を示した人びともいた。私の印象では、しかし、多くの人びとがよく耳を傾けてくれたように思う。講演会終了後の交流会の場で、『「拉致」異論』で私が行なった被害者家族会成員の言動に対する批判箇所を取り上げて、「あんなことを書いたり、公に顔をさらして講演して、大丈夫ですか?」と、心配げに問うてくれた在日朝鮮人は、ひとりやふたりではなかった。政治的には少数派だろうが、日本社会の中で差別や偏見や暴行の対象となり得る民族的少数派ではない私は、「大丈夫です」と言って、ただ頭を垂れるしかなかった。組織としての総連はいざ知らず、一人ひとりの成員が戸惑い、迷い、疑問をもち、悩んだうえで行なう試行錯誤は、前向きの成果をもたらすことを信じたいと思った。

㈢　京都では、二〇〇四年と二〇〇六年の二回にわたって講演を行なった。『「拉致」異論』の刊行を通して新たに知り合うことのできた在日朝鮮人の友人たちが、この企画の強力な推進グループのなかにはいた。歯科や呼吸器治療を専門とする医師である彼（女）たちは、二〇〇二年以来何度も北朝鮮を訪れ、医薬品や粉ミルクを届け、診療を行なうという活動を行なってきた。首都・平壌ではなく地方の診療院の現場回りに重点をおき、押し付けはしないが、相手側から言われるままに行動するのではないというその行動原則は、相手国の的確な現状分析に基づいて生まれたものだろう。そのうちのひとりの友人は、いつか、次のような感想を洩らした。「他民族への侵略の歴史を反省するより、アメリカとの戦争に負けたことを反省する、日本の八月が大嫌いだ」と。日本社会にあふれ出る、例年「八月のナショナリズム」は、「拉致」問題に関わっての世論とも通底するものだろう。

㈣　拉致被害者家族の言動を可能な限りていねいに見聞きしてきた。誰よりもその発言に耳を傾けるべき人びとであり、直接的な被害者が、まだすべてを詳らかに話す条件をもたない以上、家族の口を通して語られることも多いからである。違和感はあっても、その段階での家族会成員の言動に対する批判は控えた。問題解決の見通しがまったく立たない現状への苛立ちもあるだろう、家族会から、日本の軍事化を主張し、ひたすら対北朝鮮強硬策を要求する声が高まった時期があった（その立場は、現在に至るまで家族会の主流を形成している）。もはや批判を控えるべきではないと考えて、幾人かの家族会成員の意見を批判したことがある。私が批判したひとりは、この五年有余の間に、ずいぶんと穏やかな考え方に変わった。拉致被害者であった実弟家族が帰国できたことで、その人は、事態を総体として見て捉えるという、冷静な視点に行き着いているのだと思える。「存在が意識を決定する」実例を目の当たりに見る思いがした。

私からすれば残念なことに、逆の過程をたどった人もいる。国家の放埒な力を前に個人が担うには、あまりに過酷な運命に翻弄されている姿は、痛ましい。その姿に接して、日本では彼（女）たちを、疑問提起も批判もしない「聖域」に押し上げてしまう。客観的になり得る外国のメディアは違う。訪韓した拉致被害者の父親に「韓国には多くの年老いためぐみさんがいるが、会う気はないか」と率直に問う。もちろん、旧日本軍「慰安婦」のことを言っているのである。こんな質問が飛び交っていることも、日本では報道されない。過熱していた報道が少し落ち着いてきた今こそ、客観報道の重要性が浮かび上がる。

㈤　拉致の直接的な被害者については、傍から言えることは何もないと思ってきた。『「拉致」異論』で書くことができたのは、以下の文言だった。被害者たちが「拉致という許しがたい行為と、北朝鮮での生活における思想教育の一方的なあり方と向き合い、これを克服し、主体的な立場で物事に当たろうとしてきた」存在として捉え、「来るべき新たな日朝関係構築のために有効に生きる場所」を得て欲しい——これである。

一人ひとりの方々の生活を詳しく知る立場にはないが、なかには、北朝鮮における二四年間の幽閉生活のなかで身につけた語学の力を生かして、朝鮮語表現の翻訳を次々と刊行している人もいる。作品の選び方は的確で、翻訳表現もすぐれていると思う。日本を見てても、北朝鮮をふり返ってみても、「国家」なるものの酷薄さを身に沁みて知り尽くしているであろう人びとの今後の生き方を、そっと見守りたいと思う。饒舌な外部世界（の私たち）は、彼（女）たちの沈黙のうちに発するメッセージから学ぶものが多いはずだ。

㈥　日本政府が無為無策の五年間有余をおくっている間にも、民間のレベルでは、歴史的過去をふり返り、それを未来に向けた新たな関係の礎石とするような、地道な理論と実践の試みが多様に繰り広げられてきた。それらに逐一触れることはできないが、このような作業こそが、拉致問題もそこに包摂されている「日朝国交正常化」の課題を解決していく道をつけるものであることは、事態の解決を真に願う者にとっては自明のことであると思える。

戦時下での朝鮮人強制連行の地域調査という、二〇年あまりをかけて全国各地で取り組まれてきた実践が、つい最近『戦時朝鮮人強制労働調査資料集―連行先一覧・全国地図・死亡者名簿』としてまとめられた（竹内康人＝編、神戸学生・青年センター出版部、二〇〇七年八月）。ここでは、戦時の強制労働現場が全国で二〇〇〇箇所以上に及ぶこと、労務や軍務で連行され、死を強いられたと推定される、少なくとも三万人以上の朝鮮人のうち七七五〇人の名前が明らかになったことが述べられているが、それを地図と名簿によって確認できる。一見すれば、これがどれほどまでに年月をかけた、根気の要る、地味な作業であったかがわかる。「真相を明らかにするとともに、国境を超えて人々が手をつなぎ、かつての強制労働の現場を新たな平和と友好の場所へと変えていく試み」と編者が語るこのような仕事の重要性は計り知れない。

＊

こうして『「拉致」異論』以降の四年有余をふりかえると、日朝間の関係を現状のままに引き止め、停滞させた責任がどこにあったかが明らかになったと思う。同時に、それに代わりうる別な道はどこで切り開かれていたか、ということも。

私たちのこの間の歳月は、政府とその宣伝に踊らされた人びとのようには、無為に過ぎ去ったわけではない。

第四章　停滞の中で、どこに光明を求めるのか

——本書初版刊行から一五年後に

本書初版の刊行から五年後に出版された河出文庫版に、私は『「拉致」異論以後』という文章を寄せた。そこでは、その五年間に起こった出来事に触れた。それからさらに一〇年が経ったいま、表題では「一五年後に」といいつつも、実際には、二〇〇八年以降一〇年間の経緯を語ることになる。

1、蓮池透氏との討論はいかに実現したか

一五年前、最初の『「拉致」異論』を形づくることになる文章を書き続けながら、私は当初、拉致被害者家族会の人びとの発言に対する批判は控えた。違和感を覚える発言には、ときどき出会ったが、その方たちが置かれている理不尽な状況を思えば、言葉が過ぎるときもあるだろう、仕方ないのではないか——そう考えていた。だが、拉致問題の解決のために努力するのではなく、それを政治的に利用しようとする一部の政治勢力や政府・自民党の過った路線の後押しをしているという意味で、「一線を超えた」と判断せざるを得ない発言が、家族会のメンバーから漏れ始めた。黙っているわけにはいかない。幾人かのひとを名指しして、批判し始めた。

そのひとりが、当時、家族会事務局長を務めていた蓮池透氏だった（本書「第一章」参照）。だが五年後、文庫版のために増補した文章の中で、かつて私が批判した蓮池氏の意見が少しずつ変化しつ

つあることに触れた（本書「第三章『「拉致」異論』以降」参照）。拉致問題をめぐって形成されつつあった排外主義的な「世論」は、家族会の人びとの発言の影響を大きく受けていると考えていた私は、蓮池氏の言動に絶えず注目していた。当初、朝鮮国に対する一途な怒りをぶつけていた蓮池氏は、拉致されていた弟、薫氏夫妻と子どもたちが帰国できて以降、日朝両国間の関係を歴史的な視野の中に収めた冷静な発言をし始めていると思えた。

蓮池透氏とは、二〇〇八年一〇月二四日、初めて会った。京都の龍谷大学で開かれる「（二〇一〇年）『韓国併合一〇〇年市民ネットワーク』設立記念『反省と和解のための集い』」という公の場で氏が話されるということを知って、これは聴いておかねばならないと思い、そのために京都へ行った。「二つの国の狭間で翻弄され続ける家族」と題されたその講演は、聴いておいてよかったと思う内容だった。韓国の、旧日本軍の「従軍慰安婦」とされた女性も発言した。終了後、その女性と蓮池さんは固い握手を交わした。交流会で、私は蓮池さんに短く言葉をかけ、文庫版の『「拉致」異論』を渡した。

東京へ戻って一週間ほど経ったころ、蓮池さんから私の自宅に電話があった。『「拉致」異論』には、当時の蓮池さんの言動を批判した箇所が二か所あるのだが、蓮池さんがその発言をどんな状況で行なったかを縷縷として説明する電話だった。弁解としてではなく、その発言したことを「悔い」として考えている様子が伝わってきて、素直で率直な人だなあとの印象が残った。

翌二〇〇九年一月、今度は東京で氏の講演会があるという（アジア記者クラブ主催「何が拉致問題の解決を阻んでいるのか――マスメディアと日本政府、家族会の功罪を問う」、二〇〇九年一月二四日、文京区民センター)。もちろん、聴きに行った。大勢の人びとが一緒だったが、今度は少し長めに言葉を交わすことができた。

それから一か月後、私は蓮池さんに拉致問題をめぐって対談をしませんか、ともちかけていた。京都での出会い以降の経緯を私は、『「拉致」異論』の企画・編集者である高瀬幸途氏(太田出版、当時)に報告していたが、「閃きの」編集者である氏はすぐに、蓮池・太田対談を実現しましょうよ、と言ったのだった。その「唆し」に乗って、私が蓮池さんに提案した。蓮池さんは快諾してくれた。同年三月から六月にかけて四回にわたる対談が実現した。同年八月には、蓮池透+太田昌国『拉致対論』が刊行された(太田出版)。

この書物には、思い出が深い。

第一に、一五年前には、意見を異にする蓮池氏と討論し得る糸口を私自身が見つけることができなかった。真っ向から対立し、口を極めて批判し合って、終わる——この社会にありがちな、そんな水準の議論ではよくないことは自明のことだが、だが、どうやって討論の糸口をつくるのか? それが見えない時期が長く続いていただけに、初回の討論が実現したときには、私は密かに興奮していた。大げさに言うつもりはないが、私には対話のモデルがあった。一九六二年のキューバ・ミサイル危機をめぐって、三〇年近く経った段階で開かれた当事者間の討議である。これには、米ソ・キューバの政治・軍事指導者が出席して開かれたモスクワ再検討会議(一九八九年)と、ソ連の体制崩壊後のハバナ再検討会議(一九九二年)の二つがある。ハバナ会議には、フィデル・カストロ首相も、当時のマクナマラ米国防長官も出席した。お互いが依拠した「誤報」「誤断」「誤算」によって、核戦争勃発寸前にまで至った危機の振り返り方として、ずいぶんと率直な討論がなされたという印象が強く残った。かつて激しく対立した者／国家同士が、一定の時間が経つと、ここまで沈着・冷静な議論が可能になるのだという事実は、「対立」「紛争」「抗争」の解決方法に深い示唆を与えるものだった。

その意味では、蓮池氏も私も、まだお互いに知り合っていない時期の言動を含めて、落ち着いて振り返ることができたと思う。私は、突然姿を消して、その行方が杳として知れない肉親をもつ人びとのやるせない気持ちに、少しではあれ理解が届いたかと思った。藁にも縋りたい思いで奔走する被害者家族会の人びとの焦燥心につけ込み、行方不明者を取り戻すという目的から外れた政治的な効果（すなわち、外部に「敵」をつくることで、排外主義に基づく国内的な「一致」と「団結」を獲得すること。あわよくばこの状況を、戦力不保持・非戦を誓った憲法9条の改定に結びつけること）を出来させるために、さまざまな画策を行なう政治家や「救う会」の煽動者たちが果たしてきた役割も、蓮池氏の経験に即して理解できた。そこが「泥沼」だと気づいた蓮池氏が、そこから抜け出そうとする試行錯誤の過程からも多くを学んだ。総じて、互いに刺激的な討論ができたと思う。この本の出版を契機に、蓮池氏と私は、大勢のひとを前にして三度話し合った。都区内で、三多摩で、そして拉致事件そのものが起こっている新潟で。それもまた得難い経験だったが、聴いて下さった方々にとっても一筋の光明なりとも見えてほしい、稀な機会だった。

第二に、二〇〇六年に成立し一年後に瓦解した第一次安倍晋三政権に関する分析を十分にできたと思う。安倍氏は、自負するように、自民党の中でも際立って拉致問題に取り組んできた議員のひとりだ。当時は若く、経験も浅かった安倍氏が、年功序列的な秩序が支配する自民党の中にあって、二〇〇六年に党総裁にまで上り詰めるうえで、前任者・小泉純一郎氏の推薦があったとはいえ、拉致問題は大きな役割を果たした。「一貫して拉致問題に取り組んできた安倍氏」「北朝鮮に妥協することなく、強硬な政策を主張する安倍氏」――選挙民に浸透しつつあったこの「評判」を敏感に摑んだ自民党議員たちは、次の選挙に勝てる総裁として、安倍氏を選んだ。それからわずか一年後に安倍氏は、健康上の理由から傷心の退場を余儀なくされるのだが、その一年間の拉致問題に関わる施政の在り方を、蓮池氏との討論を通じて批判的に分析し得たと思う。安倍氏の本心がどこにあったにせよ、蓮池氏には、政治家・安倍晋三に世話になったという気持ちは残っているだろう、言いにくいこともあるだろうから、代わって私が言うべきことを言おうという思いだった。

蓮池氏はのちに、『拉致被害者たちを見殺しにした安倍晋三と冷血な面々』（講談社、二〇一五年）を刊行した。タイトルには凄味があるが、ご本人も言うように、拉致問題に積極的に関わった「関係者や関係組織について思うところを洗いざらい書いた」一書だ。ここまで言わずにはいられなかったのだろう。内部事情を知り尽くしたひとが書く「拉致を使ってのし上がった男」の章は、外部の私なぞには知りようもないエピソードに満ちていて、およそ「政治」という名の世界で蠢く人間たちの姿が赤裸々に描かれている。

第三に、この書物の刊行は、民主党政権誕生の時期と奇しくも重なった。その構成メンバーと政策路線を思えば、私の立場から新政権に期待することはさしてなかった。しかし、自民党政権時よりはささやかなりとも「ましな」政策が採用されるのではないか、と淡い期待を抱いた案件がないではなかった。そのうちのひとつが、拉致問題を含めた対朝鮮（朝鮮民主主義人民共和国のことを、ここでは「朝鮮」と表記する）政策だった。先方の希望で、拉致問題特別委員会に属する某民主党議員と質問内容について討議する機会ももった。私は、日本政府が、植民地支配および敗戦後六四年（当時）の長きにわたって国交正常化の動きを率先して取らなかったことを朝鮮国に対して詫びることからしか何事も始まらない、と考えていた。まずは、首相か外相から、その言質を引き出すことが重要だと考えて、質問内容を一緒に検討した。だが、首相を差し置いて答弁に立った拉致問題担当相（中井洽氏）は、自民党政権時代にもまして排外主義的な、箸にも棒にも掛からぬ答弁に終始して、せっかくの芽を摘んでしまった。

歴代三代、三年間にわたった民主党政権は、さまざまな問題で躓き、二〇一二年一二月の総選挙で大敗し、下野した。

2、「拉致問題安倍三原則」は何をもたらしているか

総選挙で勝利した自民党の党内力学が奇妙な動きを示して党総裁に就任したのは、二〇〇七年に、わずか一年の在任期間を経たばかりで、惨めこのうえない形で首相を辞任した安倍晋三氏だった。二〇一二年一二月、安倍氏が首相として再登場したときにも、同氏は、二〇〇六年第一次政権発足時に明らかにした「拉致問題安倍三原則」を強調した。

1．拉致問題は日本の最重要課題である。
2．拉致問題の解決なくして国交正常化はない。
3．拉致被害者は全員生きている。全員生還させることが拉致問題の解決である。

第一原則は、第二原則と不可分な一体を成している。拉致問題が日本にとって「重要な課題である」ことは自明としても、「最重要」であるかどうかは、議論の余地がある。その段階を飛ばして、第二原則が来る。この理屈にあっては、国交正常化という課題は後景に退かざるを得ない。安倍氏は小泉政権の副官房長官として首脳会談に出席し、日朝平壌宣言の署名の場にも居合わせている。同宣言は第一項目で次のように述べている。「双方は、この宣言に示された精神及び基本原則に従い、国交正常化を早期に実現させるため、あらゆる努力を傾注することとし、そのために二〇〇二年一〇月中に日朝国交正常化交渉を再開することとした。双方は、相互の信頼関係に基づき、国交正常化の実現に至る過程においても、日朝間に存在する諸問題に誠意をもって取り組む強い決意を表明した」。

日朝両国首脳は、国交正常化こそが「最重要課題」であると考える点で一致していることが明らかである。翌月の一〇月には、中断したままの国交正常化交渉を再開することで合意した点に、双方の熱意が表われている。だが、首脳会談以降二〇〇六年九月までの四年間首相に在任していた小泉氏も、上の三原則を絶対命題として主張する被害者家族会に気圧されて、確かに途中で、国交正常化優先の方針を放棄した。政治家としてこの方向性を強硬に主張し、政府の政策に反映させたのは、副官房長官時代の安倍氏だった。その意味では、安倍氏は自分の立場は一貫していると自負しているのだろうが、問題を解決するという観点から見たら、どうだろうか？

第三原則が孕む問題も深刻だ。日本政府は同会談で、朝鮮国によって拉致されたと思われる一三人の人びとの安否を尋ねた。五人は生存しているが、他の八人の人びとはさまざまな事情のもとで死亡したというのが、朝鮮国側の回答だった。被害者家族の方たちにしてみれば耐え難い回答で、信じたくないという思いに駆られるのは当然だろう。だが、小泉首相は日朝首脳会談後の記者会見で、「亡くなられた方々のことを思うと、痛恨の極みであります。御家族のお気持ちを思うと、言うべき言葉もありません。(中略)拉致問題は、国民の生命と安全に関わる重大な問題であり、今般、拉致の疑いのある事案に関する情報が提供されましたが、金正日委員長に対して強く抗議しました。同委員長は、過去に北朝鮮の関係者が行なったことを率直に認め、遺憾なことであり、お詫びすると述べました。今後、二度とこのような事案が発生しないようにすると述べました。」と語っている。小泉氏は、痛恨の極みの出来事と言いつつも、八人の方は亡くなったという相手側の報告を前提として語っていることは明らかである。この記者会見の場にも居合わせたであろう安倍氏が、数年後には「拉致被害者は全員生きている」とする前提を不動の原則としたのである。

その安倍氏は、同時に、首相就任以来一貫して「拉致問題は、安倍内閣の最重要課題であります」と言い続けている。第二次政権成立から第四次五年間に安倍氏が本会議や委員会でこの台詞を語った回数を数えた奇特なジャーナリストがいる。それによれば、五四回である。一年に一〇回以上も同じことを繰り返し言っていることになる。「(拉致問題解決のために)あらゆる手段を尽くしてまいります」という文言も、聞き飽きて久しい。

安倍氏が立てた「拉致問題安倍三原則」と、安倍氏が「最重要課題」とする「拉致問題の解決」はどんな関係にあるだろう？　前者を前提とする限り、後者の解決はあり得ない、ということに他ならない。事実、安倍氏は、現在（二〇一八年九月）の時点ですでに合計七年間近く首相の座にありながら、拉致問題解決の展望はいっこうに見えない。第一・第二原則は日朝平壌宣言の精神に反している。第三原則は、交渉相手としての朝鮮国政府の言葉を信じないというに等しい。繰り返し言うが、被害者家族の立場としては理解できるとしても、外交政策に責任を持つ政府が取り得る立場とは言えない。

日朝首脳会談以降の経過を冷静に顧みるなら、右に述べたことは明らかであろう。だが、日本社会を支配しているのは、これとまったく逆の捉え方である。歴史と世界を捉えるうえでの重層的な視点に特徴のあった、一九一八年生まれの作家・堀田善衛は、かつて「(日本の政治は) 歴史に学び、相手のことを考えた危機管理ができない」と語ったことがある（堀田『めぐりあいし人びと』、集英社、一九九三年)。一九四五年以前の日本社会の在り方も知り尽くした堀田のこの洞察には、長い歴史的な射程があろう。

日朝関係をめぐってその後展開した事態に孕まれる問題点については、本書旧版でも書いた。一五年前にも書いたことを、二〇一八年の現在もまた繰り返し述べなければならない点に、この社会の政治的・思想的な停滞を見るばかりである。先行者・堀田と同じ呟きを、この状況を変えることのできない自らの無力さを噛み締めつつ、私も呟くほかはない。

3、「拉致・核・ミサイル」によって表象される国に向き合って

日本政府の対朝鮮政策や社会全般の雰囲気にいかに問題があろうとも、相手は、あの「不気味」で、「不可思議な」北朝鮮ではないか……という声が聞こえてくる。拉致、不審船、ラングーン廟爆破、大韓航空機爆破、極端なまでの個人崇拝、「喜び組」、スポーツ大会応援に動員される「美女軍団」、国策に従順なテレビ・アナウンサーの独特の口調、マスゲーム、強制収容所、飢餓、餓死、脱北者、最高指導者の叔父の処刑や兄の毒殺、核・ミサイル開発……その「不気味さ」を証明する事象は、この社会ではたちどころに挙げられてゆく。朝鮮国に対する今までの無関心さを裏返しするかのように、二〇〇二年九月の日朝首脳会談以降は、これらの情報に日本社会全体が浸されていった。国内に諸問題が山積しているときに、許しがたい「外敵」をつくりあげ、その国の「異常な」さまを論い、嘲ることほど、簡単なことはない。この一五年間は、そのような時代の典型であった。安倍政権の奇妙なまでの「安定性」は、この「外敵」の存在によって担保されている部分があることは無視できない。

そこには意図的な情報操作もはたらいていた。だが、人びとは「異形の国」をめぐる「好奇心」をくすぐられつつも、その動向に対して拭い難い不安感も感じていた事実を無視するわけにはいかない。それがもっとも顕著に表われるのは、朝鮮国が採用してきた軍事路線に対する怖れであろう。

一九九四年金日成氏が死亡してから三年後の一九九七年、「喪明け」が宣言されて、後継者・金正日氏は朝鮮労働党中央委員会総書記に就任し、独自路線を採用し始めた。それが「先軍政治」、すなわちすべてにおいて軍事を優先する政治路線である。金正日氏は「(それは)私の基本的な政治方式であり、我々の革命を勝利に導くための、万能の宝剣です」と述べている。翌九八年八月、同国はテポドン・ミサイルで「人工衛星」を発射した。それに先立つ九五年から九六年にかけては、食糧不足に悩む朝鮮国は日本にコメ援助を要請し、日本政府は数回にわたってこれに応じている。こんな背景を気にしてか、一九九八年に金総書記は、何億ドルもの国費を投じたテポドン・ミサイル発射実験に関して、次のように発言している。「わが国の人民がまともに食べられず、良い暮らしができていないことがわかっていながら、国と民族の尊厳を守り抜き、明日の富強大国のために資金をその部門に回すことを許可した」(船橋洋一『ザ・ペニンシュラ・クエスチョン——朝鮮半島第二次核危機』、朝日新聞社、二〇〇六年)。

金総書記のこの言い分には、容易に反駁することができよう。どの国の民衆にしても、支配者の政策によって飢餓状態に放置されたままで、「国と民族の尊厳」なるものを「守り抜く」ことはしないだろう。しかも、金一族に属する歴代の独裁者たちが行なってきている民衆抑圧の実態を知る者は、彼が言う「国と民族」のどこに「人民」が存在しているのだ、と問うことができる。私たちは、朝鮮国の内政には責任も持たず干渉もできない立場にいる。だが、その内政・外交路線において、「人民」のことなど気にも留めていないとしか思えない独裁的な人物が、「国」や「民族」の陰に隠れて自己延命を図るカラクリを指摘するくらいのことは、私たちにもできよう。同時に、私たちは、これを他人事としてのみ語ることはできない。独裁的な国家元首への徹底した個人崇拝、民衆の言論の自由への抑圧、国際的な孤立が深まるにつれての、支配層内部での強硬な軍事路線の台頭、後世の人間から見れば、「まさか、こんなバカげたことがあるなんて」と思えるような時代を、彼の地の人びとが生きていること――それが、朝鮮全土を植民地化していた七〇数年前までの「大日本帝国」の姿に酷似していることに、胸を衝かれよう。

その後も、朝鮮国の核・ミサイル開発と実験が繰り返される度ごとに、この社会に住まう人びとは不安を募らせてきた。ここでも、政府、マスコミによる巧妙な情報操作が目立った。とはいえ、繰り返し言うように、私は、朝鮮国政府が拘泥してきた「先軍政治」路線にも「核抑止論」にも与さない。どんな大国が行なおうと、いかなる小国が行なおうと、そのような軍事主義路線が世界平和に貢献することなどあり得ない。

同時に付け加えておかなければならないことがある。二国間、多国間に横たわる問題は、あくまでも主権国家の平等および国際正義の原則に基づいて解決されなければならないということである。過去に遡ってでもいくつもの実例を示すができるが、ここでは、あとで触れる二〇一八年に開かれた南北首脳会談・米朝首脳会談の内容と報道を先取りして、取り上げよう。多くの方々にとって記憶が鮮明であるだろうから。

板門店宣言に関する報道では、「非核化」報道が一貫して、ひどい。NHKは、BSのワールド・ニュースも含めて、アナウンサーが読む文章では「北朝鮮の非核化」と表現している。だが、板門店宣言はこの問題に関して「南と北は、完全な非核化を通じて核のない朝鮮半島を実現するという共通の目標を確認した」と述べている。別な文脈でも、「南と北は、北側が講じている主動的な措置が朝鮮半島の非核化のために非常に意義があり重大な措置だという認識を共にし」と言っている。当事者が「朝鮮半島非核化」と言っているにもかかわらず、それをごまかして表現する日本の報道者の姿勢は許しがたい。

なぜか。朝鮮半島だけをとってみても、在韓米軍をどうするのか。在韓米軍は、核を有する在日米軍と一体化しており、それを保証している日米安保体制や沖縄に作られつつある米軍のために新基地をどうするのか——そのように、韓国・米国・日本の在り方をも同時に問うているのが、非核化という課題だと捉えなければならない。広く東アジア地域において有機的な繋がりをもって軍事的な展開を行ない、しかも核を有する米国と、その傘の下にある日本が、朝鮮国の非核化を要求するのであれば、自らが有する（あるいはその傘の下にある）核をも同時に廃絶する意思を示さなければならない。この問題意識のかけらも示さないのが、日米の一般的な反応なのだ。

報道されている米朝間の水面下の交渉項目を見ると、米国は、朝鮮国の核技術者二〇〇〇人から三〇〇〇人を国外に移住させることを要求しているという。私は朝鮮が核開発を放棄することには大賛成だが、この報道を知って思うのは、米国の核技術者（いったい幾人いるのだろう?）はどうするのだ、ということだ。中露英仏、イスラエルなどの核技術者たちは?

対等ではない国家間関係の現状に、批判精神を眠り込ませてはいけない。同時に思い出す。イランや、フセイン時代のイラクでは、核技術者が不審な死を遂げたことがずいぶんとある。国外で殺害された人もいた。案件によっては、イスラエルの諜報機関モサド、米国ＣＩＡ、英国Ｍ16の共同作戦であり、米国がもつ「テロリスト・リスト」に名前のある人物が傭兵として利用されたと報道されたものすらあった。大国である自分には許すが、小国が同じことを行なおうとすると、決して許さない――大国のこの傲慢さに刺激されて、軍事的な冒険に走る小国の指導者（独裁者）が生まれるという悪循環は、現存する非対称的な大国―小国関係を変えることなく、断つことはできない。

『「拉致」異論』において、当初から私が主張している「他人（他国）に要求することは、まずもって己（自国）に突き付けなければならない」という、譲ることのできない原則は、核廃絶、軍備縮小などの軍事的諸課題においても生かさなければならない。

4、二〇一八年の新しい状況の下で

二〇一八年前半の半年間のうちに、朝鮮半島情勢は劇的なまでに動いた。最大の鍵は、一七年五月、韓国に文在寅《ムンジェイン》大統領が誕生したことだ。長年続いた李明博《イミョンバク》・朴槿恵《パククネ》両保守派大統領の直後だっただけに、この人権派大統領の発言は就任直後から際立った。

二〇一七年五月に就任したばかりの文大統領は、直後の五月一八日に、記憶に残る演説を行なっている。光州民主化運動三七周年記念式典において、である。文大統領は、朴正熙暗殺の「危機」を粛軍クーデタで乗り越えようとした軍部が全土に非常戒厳令を布告し、ひときわ抵抗運動が激しかった光州市を戒厳軍が制圧する過程で起こった一九八〇年五月の事態を「不義の国家権力が国民の生命と人権を蹂躙した私たちの現代史の悲劇」だったとして、自らの問題として国家の責任を問うた。二〇一八年三月一日の「第九九周年3・1節記念式」では、日本帝国主義支配下で起きた独立運動の意義を強調し、この運動によってこそ「王政と植民地を超え、私たちの先祖が民主共和国に進むことができた」と述べた。最後には、独島（竹島）と慰安婦問題に触れて、日本は「帝国主義的侵略への反省を拒んでいる」が、「加害者である日本政府が『終わった』と言ってはならない。不幸な歴史ほどその歴史を記憶し、その歴史から学ぶことだけが真の解決だ」と語った。私たちは、韓国憲法が前文で、同国が「3・1運動で建立された大韓民国臨時政府の法統」に立脚したものと規定している事実を想起すべきだろう。二〇一九年はこの3・1独立運動から百年目を迎える。改めて私たちの歴史認識が、避けがたくも問われるのである。

文大統領は二〇一八年四月三日の「済州島4・3犠牲者追念日」でも追念の辞を述べた。日本帝国主義軍を武装解除した米軍政は、一九四八年に南側の単独選挙を画策したが、これに反対し武装蜂起した人びとに対する弾圧が、その後の七年間で三万人もの死者を生んだ悲劇を思い起こす行事である。今年は七〇周年の節目でもあった。文氏はここで、七〇年前の犠牲者遺族と弾圧側の警友会の和解の意義を強調しつつ、これからの韓国は、「正義にかなった保守と、正義にかなった進歩が『正義』で競争する国、公正な保守と公正な進歩が『公正』で評価される時代」になるべきだと語っている。

どの演説にあっても貫かれているのは、国家の責任で引き起こされた過去の悲劇をも、後世に生きる自らの責任で引き受ける姿勢である。私は、文氏が行なっている内政の在り方を詳らかには知らない。韓国内に生きるひとりの人間を想定するなら、氏の政策にも批判すべき点は多々あるのだろう。だが、今や世界中を探しても容易には見つからない、しかるべき識見と歴史的展望を備えた政治家だ、とは思う。米クリントン政権時代の労働省長官だったロバート・ライシュ氏は、文氏が「才能、知性、謙虚さ、進歩性」において類を見ない人物であり、「偏執症的なふたりの指導者、トランプと金正恩がやり合っている脆弱な時期に」文在寅大統領が介在していることの重要性を指摘している（『ハンギョレ新聞』二〇一八年五月二七日）。

朝鮮の金正恩国務委員長は、以前から「新年辞」で南北対話を呼びかけていたが、今年二〇一八年になってようやく、それを受け止める相手が韓国に生まれた。朝鮮国代表団の平昌オリンピック参加を契機にして、事態は瞬く間に進展した。四月二七日の南北首脳板門店会談と六月一二日の米朝首脳シンガポール会談が実現したことは、昨年一一月にピークに達していた米朝間の軍事的な緊張関係を思い起こせば、まさしく夢のような話である。米朝首脳は、それぞれ、その内政・外交政策において、批判すべき重大な諸問題を抱えているとはいえ、会談すること自体は、無条件に歓迎すべきことである。

誰の目にも明らかなように、日本政府は、この朝鮮半島情勢の急展開に呆然としていた。つい数ヵ月前の二〇一七年九月二〇日、安倍首相は国連総会の演説の中で「対話による問題解決の試みは無に帰した」「（同年九月三日に北朝鮮が行なった核実験に対する国連安保理の制裁）決議はあくまで始まりにすぎない。必要なのは行動だ」と語ったばかりだった。同じく国連総会出席のために訪米していた河野外相は、翌二一日、コロンビア大学での講演で、「金正恩政権と外交関係を結んでいる一六〇か国以上の国々に対し、北朝鮮との外交的・経済的な関係を断つよう求めなければならない」と演説した。北朝鮮に対するこのような強硬な姿勢で日本と米国は百パーセント一致しているという言葉も、首相の口から何度となく聞かされているところだ。

ところが朝鮮国との関係において「対話のための対話には意味がない」として「圧力」一辺倒の政策路線を「一致して」取っていたはずの米国トランプ政権が、突如、心変わりして対話路線に入ってしまった。周章狼狽した挙げ句の果てに、安倍首相は「金正恩国務委員長と直接対話したい」と転じた。その橋渡しを、金正恩国務委員長と会談する文在寅韓国大統領とトランプ米国大統領に依頼した。仲立ち役を果たしてくれた文在寅大統領に対して、金正恩氏は言ったという。「なぜ日本は直接言ってこないのか」と。「拉致問題解決のために、あらゆる手段を尽くしている」はずの安倍氏は、朝鮮国との間で水面下の交渉をすら試みてこなかったことが、ここで暴露されていると言えよう。二〇一八年五月八日には、南北首脳会談を受けての「日中韓首脳会談」が東京で開かれた。佐藤優はこれを「東京で開かれた中韓首脳会談」と名づけたが、言い得て妙なほどに、日本国・安倍首相の存在感は希薄だった。BSフジは、会議の成果の宣伝のためにだろうか、会談直後に首相インタビューを放映した。金正恩氏の言葉に対する感想を聞かれた安倍氏は曰く……「おそらく金正恩委員長に直接言うことであると思います。文氏やポンペオ氏は直接会っている。つまり『なぜ日本は直接言ってこないのか』ということだと受け止めている。見方によっては応じるかもしれない、ということかもしれない」。

安倍氏の国会答弁が、しばしば意味不明であることは、多くの人に知られていよう。こんな人物が首相を続けている現実に、主権者の一人としての私は恥じ入るばかりである。

5、批判者である私たちをも腐食しつつある停滞した状況

ここまで書き綴ってきて、つくづく思った。相手（論敵）が際限なく腐食してゆくと、それは知らず知らずのうちに、わが身をも次第に腐食させるということを。本書旧版の刊行以降も、私は、日朝関係の問題と拉致問題についての発言を、機を捉えては行なってきた。旧版が文庫版として刊行される機会に書いた本書第三章『「拉致」異論以後』では、一年間のうちに五〇回ほど行なった講演会で出会った人びとの思い出、秀吉の朝鮮侵略の「出撃」拠点となった名護屋城址の光景、そのあと日朝和解のために並々ならぬ尽力をした雨森芳洲のゆかりの地の訪問、工作船展示場や新潟を訪れた時の記録など、私自身の目が開かれる新たな出会いの記録をまとめることができた。繰り返しの言葉は、あったとしても、少なかった。だが、文庫版刊行から一〇年後のいま、その間のことを振り返りながらパソコンのキーボードを叩く私の指は何度も立ち往生した。蓮池透氏との出会い以降は、何を書いても既視感があって、それに苛まれるのだ。

それもそうであろう、首相は「拉致問題は、わが政権の最重要課題であります」とか「その解決のために、あらゆる手段を尽くしてまいります」という同じ台詞を、何年もの間喋り続けてきている。

拉致被害者家族会の人びとは「もう、たくさんだ！」と叫んで、口先だけの首相の不実をなじってもよいだろうが、不思議なまでに穏やかだ。蓮池透氏に続くひとは現われない。マスメディアは、首相の言動への批判もなしに、何かと言えば「日本には、何よりも重要な拉致問題がありますから」という常套句で問題の本質に迫ることを自発的に放棄している。「民意」なるものの動きも不確かで、融通無碍に流動的だ。拉致被害者や家族に一体化して哀しみ、怒り、自らも被害者であるかのようにふるまったかと思えば、蓮池透氏の著書が言うように、帰国できた拉致被害者がパチンコをしたり、外食したりしていると、「特別手当の税金で暮らしているくせに」と口さがない――これが、拉致問題顕在化以降の一六年間続いてきたこの社会の現実なのだ。一六年間！　いっこうに変わらない状況に対して性懲りもなく行なってきた私の批判の言葉もまた、マンネリ化するほかはなかったのだと思い知った。

この状況は、森友・加計学園問題や官僚による公文書偽造などのスキャンダルに見舞われながら、恥じることなく権力の座に居座り続ける無責任な首相の姿を一年間以上も見せつけられているうちに、それに対する批判の言葉にどこか「疲れ」や「気後れ」や「停滞」の気配が漂い始めて、問題そのものがうやむやになっている〈現在〉と酷似している。一方に、自らがなした愚かで恥知らずな行為に関してどんな批判を受けようとも知らん振りを決め込んでやり過ごす権力者がいれば、他方には、本質的には、この社会に何が起ころうとも、摑みどころのない〈無関心〉の広大な海が広がっているのだと言える。

私としては、放つ批判の言葉が拉致被害者家族会の人びとに届き、マスメディアで働く人びとの元にも届くことを望んでいた。やがて、それが「民意」の方向性を変え、その力によって（ふだんはあまり期待もしないことだが）外務官僚や政府の方針を変えさせるまでに成長することを夢見た。だが初発の頃はともかく、その後は、時評としてはその時々の役割を果たしていると自分では思い込んでいた文章群は、まとめ読みすると、私が批判している相手の停滞ぶりに合わせて、わが身も停滞しているさまがはっきりと見えてきて、愕然とした。

ここは気を取り直し、この一〇年間の過程に、別な視点で接近を試みてみよう。膠着したままの日朝関係、動かない拉致問題に焦点を当てても、それは奏功しないだろう。少し視野を広げて、朝鮮半島全体ないしは東アジア全域の枠組みで考えてみよう。網羅的にはできない限界は弁えているから、私の視野に入ったものという限定付きで。

朝鮮から／との関わりで届く、さまざまな声

朝鮮国に関する情報には、従来はセンセーショナルなものが多く辟易させられたものだが、最近は冷静に見つめようとするものが増えてきた感じがする。映画『かぞくのくに』（ヤン・ヨンヒ監督、二〇一二年）は、二〇〇五年の『ディア・ピョンヤン』、二〇〇九年の『愛しきソナ』に続く、同じ監督の第三作だ。在日朝鮮総連合会幹部である父親を描いた第一作、朝鮮に「帰国」した兄一家の日常生活を平壌で撮影した第二作は、いずれもドキュメンタリー作品だった。第二作に登場する兄の娘、ソナは、かの国では日常茶飯事の停電が起こると、「停電中のこの家はとてもカッコいいです。おお、

停電だ。栄えある停電であります」などと、官許のテレビ・アナウンサーを真似て、天真爛漫に叫ぶ。そんなシーンのせいもあってか、朝鮮国への監督の出入りは禁止になった。第三作は、したがってフィクションである。朝鮮で重病に罹り、一時帰国を許された兄を迎える在日の家族の物語だ。監視員付きの帰国である。おそらく実話もちりばめられたストーリーは、こちらとあちらに分け隔てられた家族の形を描いて、切ない。ヤン・ヨンヒはその後、『朝鮮大学校物語』というフィクションも書いた（角川書店、二〇一八年）。東京・小平にある朝鮮大学校に通った自らの体験に即して書いた創作だ。「ここは日本ではありません」と教師は言うが、確かにそこは「東京に実在するもうひとつの〈北朝鮮〉」に他ならない。総連の内部を描いた作品は今までにもあった。多くの場合、それは、総連を除名されたり離脱したりした人の手になるもので、いきおい、実話風の暴露ものが多かった。ヤン・ヨンヒは総連も在日社会も客観視しつつも、そこを大事にして生きる人びとの心の襞も丁寧に描く。新しい感性の表現に出会って、私たちも固定観念から解放されて、作品を通して描かれている総連や朝鮮国の現実と向き合うことができるようだ。

映画では異色作『将軍様、あなたのために映画を撮ります』も公開された（ロス・アダム＋ロバート・カンナン共同監督、イギリス、二〇一六年）。第一章でも触れたが、一九七〇年代、韓国の著名な女優と監督が出先の香港で行方不明になった。実は、金正日の指令に基づいて朝鮮国に拉致されたのだ。低水準にある朝鮮の映画界のテコ入れのために二人の助力を得たかったのだという。二人は心ならずも三年間にわたって映画づくりに邁進する。この映画の出演者は、拉致された二人、崔銀姫《チェウニ》、申相玉《シンサンオク》に加え、金正日の三人である。金正日は記録映像による動画や静止写真でも登場するが、彼の全幅の信頼を得た申監督が録音した音声部分こそが面白い。こんな述懐がある。自分が「泣き真似すると、そこにいる人たち全員が泣く。それを見て哀しくなって、わざと泣いてみたりした」。独裁者の「孤独」をここまで内面から抉った言葉を知らない。独裁下に生きる人びとには、権力者に対する恐怖も畏怖もあるだろうが、独裁者の思いを忖度して競って泣くまでに「精神的に馴致」されてしまっていることを示しているからだ。「自発的な隷従」（エティエンヌ・ド・ラ・ボエシ）である。一六世紀フランスと、二一世紀朝鮮とが、時空を超えてシンクロするのだ。描かれているのは悲劇には違いないが、捉え方に深みがある。

朝鮮の映画と言えば、門間貴志『朝鮮民主主義人民共和国 映画史――建国から現在までの全記録』（現代書館、二〇一二年）が刊行された。観る機会が極度に制限されている朝鮮映画について、ここまで調べ上げたことに驚く。国交正常化が成って文化交流が深まればこれらの映画を観る機会が増えるのだと考えれば、安倍氏だって正常化への熱意も湧くだろう。その「政治」の在り方に、一片の「文化志向」も見られないのが哀しい。

金柱聖『跳べない蛙』（双葉社、二〇一八年）も印象的だ。「党の作家」として、人の感性をくすぐりながら、人びとから「思考を奪うための文学」の創造に賭けた日々を回想した難民作家の作品だ。独裁制の闇は深いが、そこにも人びとは生きているのだ。

アジアプレスの石丸次郎の編集で、二〇〇八年に創刊された『北朝鮮内部からの通信 リムジンガン』も、二〇一五年で第七号を数えた。情報閉鎖社会の朝鮮国内部にジャーナリストを育てたいという熱意が伝わってくる。いくつもの困難を乗り越えて内部から寄せられる報告は、毎号読み応えがある。掲載されている写真も、内部で撮られているだけに情報量が多い。

本書第一章に登場する萩原遼が二〇一七年末に亡くなった。一九八〇年代、日本共産党機関紙『赤旗』特派員として平壌に駐在していた経験にも基づきながら、いくつもの関連書籍を刊行してきた。共産党を除名されたり離党したりした人びとは、その後対極的な「反共主義者」に転じることが多く、私はその傾向にいかがわしさを感じてきた。晩年の萩原も、二〇〇七年創刊の「北朝鮮収容所国家からの解放を目指す理論誌」『光射せ！』（北朝鮮帰国者の生命と人権を守る会）の編集人や、二〇一四年創刊の「北朝鮮の軍事独裁体制＝朝鮮総連と闘う情報誌」『拉致と真実』の責任編集者を担っていた。日朝関係や拉致問題に関する発言を続ける以上は、これらの声を無視するわけにはいかないと考え、私はこれらのファナティックな雑誌にも目を通してきた。時に冷静な論考が載る場合もあるが、多くの文章を貫く、対象に対する憎悪と悪意の深さには、ほとほと感心するほかはない。客観的にいえば、ここでの批判者側と被批判者側は、その点で通底する本質を有するのだろう。

『光射せ！』誌にときどき登場する東アジア思想史研究者の小川晴久『北朝鮮の人権問題にどう向きあうか』も出版された（大月書店、二〇一四年）。マルクス主義の立場に今なお立つと自称する小川は、「人権の思想」の下にマルクス主義を位置づけなおす、と語る。朝鮮の強制収容所をなくす活動に関わってきた動機はそこにある。その意味では、いささか異色の研究者である。

韓国からの声

韓国の文学・思想・歴史書の紹介が格段に進みつつある。私も、姜英淑の『リナ』の刊行に編集者として関わった（現代企画室、二〇一一年）。著者が仕事をしているキリスト教系の社会運動機関で知り合った脱北者の話を聞いて創作されたフィクションだが、国家の外部に押し出された難民を描く筆致が想像力豊かで、読む者のイメージが膨らむ。舞台となった地域・国が名指しされているわけではないが、東アジア世界の現代が浮かび上がってくる力作だ。

注目すべきは、金永煥『韓国民主化から北朝鮮民主化へ――ある韓国人革命家の告白』（新幹社、二〇一七年）だった。一九八〇～九〇年代の韓国で、いわゆるML＝民族解放派のゴッドファーザーと呼ばれ、一九九一年に秘密裡に朝鮮国に入り金日成と接見して帰国したのちには、主体思想を指導理念とする「民族民主革命党」を結成して中央委員長になった人物が、その後思想的な変化を遂げ、とりわけ強制収容所体験者の証言に衝撃を受けて以降は、朝鮮民主化の活動に挺身しているという半生をたどった本だ。彼の個人史も興味深いが、韓国の「運動圏」において「北朝鮮の言いなり」になる「従北」派が一定の役割を演じていた時期の記述が印象的だ。

この著者と淡い交友のある石丸次郎が書いている「解説」の一節には、本書のテーマに関わって日ごろから私が感じていることと相呼応するものがあった。一九九〇年代初頭、フリーのジャーナリストになった石丸は中朝国境での取材を始める。朝鮮からもたらされる経済的な苦境や人権無視の個人独裁体制の情報に衝撃を受けた石丸は書く――「北朝鮮内部の尋常ならざる事態。取材でそれを確信した私は、かつて『日韓連帯』運動に関わっていた人たちに、中朝国境で出会った北朝鮮の人たちのことを伝えた。だが、反応は多くが冷淡で、餓死者の発生を信じようとしなかった。熱心に韓国の人権や民主化について発言してきた知識人や活動家の中には、こと北の問題になると目を背け、見ないふりをするような態度の人が多く、北朝鮮の実態や人権状況に関心を向けようとする人は稀だった。韓国でも同様だった。失望は小さくなかった」。

一九八七年大韓航空機爆破事件の実行犯として逮捕された朝鮮の金賢姫の「自白」を読んだ私が、噂されてきた日本人拉致が朝鮮国の機関によってなされたとの確信を持つに至ったことは、本書第二章で触れた。そのことを公然と語ったり、書いたりし始めた私を、友人たちが「危うんでくれた」ことも後に知った。朝鮮国の独裁的な支配体制の実態を知っていたり、金日成と金正日の演説集の数頁でも読んでいたりするなら、この国の本質が見えてきただろう。「こと北の問題となると目を背け、見ないふりをする態度」とは、この国の左派・進歩派を蝕んでいる深刻な病と言うべきだ。

日朝・日韓の関係を振り返るうえで、とても参考になるのが、権赫泰《クォンヒョクテ》『平和なき「平和主義」――戦後日本の思想と運動』（法政大学出版局、二〇一六年）だ。私たちの多くは、憲法九条に支えられた「戦後平和主義」の意義を語りがちだ。だが、ほんとうにそうだったのか。戦前の大日本帝国が植民地支配をしたり、侵略戦争を仕掛けたりしたアジアの国々はどんな戦後史を歩んできたのか。日米安保条約で米国の対アジア軍事戦略の中に組み込まれている日本が享受してきた「平和」が、打ち続く内戦、戦争、軍事独裁に苦しんできたアジア諸国との関係性の中で浮き彫りされてゆく。権赫泰・車承棋《チャンスンギ》共編『〈戦後〉の誕生――戦後日本と「朝鮮」の境界』（新泉社、二〇一七年）も大事な本だ。日朝・日韓関係や拉致問題に関する今後の議論が、これらの書物が提起している問題に即して展開されるにはまだまだ時間がかかるだろう。深い示唆を受けた者が、まず始めるしかない。

日本の中から

秀吉の朝鮮侵略の傷跡を修復するために、江戸期に対朝鮮「誠信外交」を主張した雨森芳洲のことは、本書第三章で触れた。そこでも言及した主著『交隣提醒』は、田代和生による丁寧な校注が付されて刊行された（平凡社「東洋文庫」、二〇一四年）。磯田道史の書評が言い得て妙である。「国内では満場一致で支持される論理でも、外では全く通用しない場合がある」（『毎日新聞』二〇一四年一〇月一二日）。まるで、拉致問題に関する安倍三原則のことを言っているかのようだ。芳洲は、懐かしくも常に想起されるべき一七〜一八世紀の人物だ。

私が古代史の書物を通してお世話になった上田正昭が、ふたつの大病の間を縫って、評伝『雨森芳洲――互に欺かず争わず真実を以て交り候』（ミネルヴァ書房、二〇一一年）を著したことにも励まされた。視野が広いから、いくつものヒントを得た。

芳洲は、新聞というマスメディアでも取り上げられるようになった。二〇一五年四月八日の『朝日新聞』は、韓国の元外交官で、長崎県立大名誉教授の徐賢燮《ソヒョンソップ》への長文のインタビュー記事を掲載した。日本批判の本が売れていた韓国で、「日本に学ぶべきことはたくさんある」と訴える本を書いて、物議を醸した徐は、そこで芳洲という存在がいかに示唆的かを語った。同紙二〇一五年九月の夕刊は「雨森芳洲をたどって」と題して六回の連載記事を掲載した。日韓両国の草の根の人びとが堅持し続ける「芳洲的な精神」の実践を報告する記事だった。これが根づいたとき、社会は変わると実感した。

東アジア哲学を専門とする小倉紀蔵は、しばらく前のNHKラジオ「ハングル講座」の講師だった。その時、私は真面目に聞かず、聞き流していた。その後まともに言葉を学ぼうと思ったとき、他の講師に比べて小倉が格段に優れた語学教師であったと実感して、臍をかんだ。その小倉が『朝鮮思想全史』（ちくま新書、二〇一七年）を著した。無知な私は、ただ読むしかない、四五〇頁もの分厚い新書版だ。小倉が言う「すごい朝鮮（韓国）、すごい朝鮮人（韓国人）」の思想史の世界に分け入って、「ニッポン　すごい」の解毒剤にしたいものだ。小倉は『北朝鮮とは何か——思想的考察』（藤原書店、二〇一五年）も書いた。「二〇〇二年以降に澎湃として沸き起こった北朝鮮バッシング」は、「イデオロギーの目つぶしによって盲目的となり、北朝鮮の実態を知ろうともしないまま北朝鮮を称賛した」左翼が「やってきたことに対する強力な抗議であった」と小倉は言う。その「抗議の声」が、「右翼のひとりよがりな世界認識と結びついて今度は右側からの思考停止の枠組みとして凝固してしまった」事実も見据えながら。この小倉の言葉はわが身に突き刺さるから、この書は私にとって、格闘すべきものとして立ちはだかっている。

瀬々敬久監督は自主企画映画『菊とギロチン』を制作した（二〇一八年）。関東大震災前後の一九二三〜二五年ころの時代を背景に、実在したアナキスト集団＝ギロチン社の面々の生き方と、当時盛んであった女相撲の力士たちを絡ませたフィクションである。ギロチン社のメンバーが行なった行動は、歯がゆくも矮小なものだった。それを描くだけでは情けない作品に堕しただろう。在日朝鮮人の力士を登場させて、大杉栄殺害への復讐を試みるアナキストとの出会いを挿入することで、物語は一気に膨らみを獲得した。関東大震災とその直後、日本の官民が一体となって犯した六〇〇〇人もの朝鮮人虐殺という「民族犯罪」が、骨太な枠組みの中できっちりと描かれた。

＊

まだ触れていない書物や映画があることを自覚している。専門的な研究者として時間と賃金が保証されているわけでもない私ですら、日朝・日韓・拉致に関わる素材を挙げるとこの一〇年間で、これくらいのものがたちどころに挙がる。大事なものを見落としてもいるだろう。それにしても、「政治」の世界の貧しさに比べて、「文化・芸術」の分野では、どれほど重要な仕事が積み重ねられていることだろう。これらを、ふたつの国の間に立ちはだかる困難な諸問題の解決のために生かさない手はない。学問や芸術、いわば文化一般を、現実の中で功利主義的に利用する意図はまったくないが、これだけの「成果」を見ると、あらためて言うが、何も変わらない、変えることができない「政治」の惨めさが際立ってくる。

あるとき、韓国から来日した人文系の研究者に言われたことがある。「韓国のあまりに偏狭な民族主義が嫌で、日本へ来ました。それはちょうど、二〇〇二年日朝首脳会談直後で、拉致問題旋風が吹き募っている頃でした。日本の排外主義も相当なものだとウンザリしていた頃、あなたの『「拉致」異論』に出会って、少しほっとしました」。

私は大事にしている言葉だが、私的な会話に過ぎない。別な考え方のひとも、大勢いるだろう。そのことを弁えたうえで、本書をみたび出そうという私の意思を支えてくれるのは、国内の新しい読者と、国境を超えてこの言葉を伝えてくれたひとの存在だ。いつか、さまざまな意味で解放された朝鮮国の読者とも相まみえたい。そのためには、私たち自身も、現在の愚劣な政治・経済権力からばかりではなく、この社会に充満する不条理ないくつもの束縛から自由になっていなければならない。

国家による民衆抑圧は、「強制収容所」への収容という、見え易い形を取ることもあれば、「格子なき牢獄」へ閉じ込めるという、洗練された形を取る場合もある。両者の違いは、確かに大きいだろう。と同時に、国家の機能としては通底させて捉えなければならぬ本質が、そこには隠されていると私は考えている。彼の地の人びとは大変な問題を抱えて苦しんでいるが、こちらは平穏で、平和だ――と幻想するわけにはいかないのだ。

付記：本稿の一部に、時評的に書いた既成の文章を用いた部分があることをお断りします。

（二〇一八年九月一日）

資料

初版あとがき

本書に収めた文章を書きながら、しきりにおおぜいの人びとのことを思った。

在日朝鮮人の友人・知人のことはもちろん、遠くからその生き方や活動や文章や作品を知っているだけの人びとのことも繰り返し考えた。彼（女）たちは、いま、何を思っているだろう？ どんなふうに生きているだろう？ 話し合いたいとも思ったが、禁欲して、まず自分で考えることにした。

数は少ないが、韓国に住む友人・知人や未知の人たちのことも考えた。文富軾《ムンブシク》さんは、本書の「あふれ出る「日本人の物語」の陰で、誰が、どのように排除されてゆくのか」を、彼が主宰する思想誌『당대비평（当代批評）』誌二一号に翻訳・紹介してくれた。文章を書き進めることが行き詰まっていたころ、来日した彼と一夜対話を交わすことができたことは刺激になった。その対話が成立し得たのは、板垣《いたがき》竜《りゅう》太《た》さんの明解・的確な通訳を介してであった。

そして、もう十何年も前、マグレブのある街で開かれた文学者・文化活動者の国際会議で出会った、北朝鮮から来た数人の作家のことも思った。顔かたちも名前も覚えていない。いくつもの世界文学の有名な作品名を挙げながら、これも読めない、あれも読めない、と北朝鮮の出版事情を語っていた言葉だけを記憶している。また北朝鮮へ「帰国」する度に、健康のためにといって朝鮮人参酒をおみやげに買ってきてくれた一在日朝鮮人のことも思い出した。

身近に、そして遠くに、こんなにおおぜいの朝鮮人の存在を実感できることを、うれしく思った。状況的には、切なさも感じた。

日本人の友人・知人たちのことも思った。在日朝鮮人の諸権利獲得、日韓民衆連帯、日朝国交正常化、戦後補償裁判、従軍慰安婦裁判、現代韓国文学・思想・社会事情の紹介などに関わって、朝鮮と日本の新たな出会いのために、私などよりはるかに時間とエネルギーを割いて働いてきたのに、「9・17」以降、心なしか元気がなく、発言もひかえているかに見えるその人たちのことを。いま発言することを止めてはいけない、間違ったり、不十分であった点は顧みなくてはならないが、それらの活動の重要性は増すばかりだ、と伝えたい。

もちろん、北朝鮮による「拉致」の被害者の人たちのことも、常に頭に去来し続けている。直接知る人はいないが、強いられた運命への思いは深い。もとより、存在論的に一体化できるはずもなく、あえて、ほどよい（と、私が考える）距離をとって、その立ち居振舞いと言動を見つめている。類を見ない「回顧と記憶の場」を持つ方々が、その「力」を発揮できる時を得て欲しいと、こころから願うばかりだ。本書ではすべての敬称を省略したので、その方々にも敬称は付していない。

こんなにも多くの人びとと、想像上の対話を重ねるようにして文章を書く機会を設定してくれたのは、太田出版の高瀬幸途さんである。高瀬さんは、私が「9・17」直後に書いてホームページ上に掲載した二、三の文章を読まれて、このテーマで一書をまとめないか、と提案してくださった。昨年一一月末のことである。力不足を自覚しつつもこれを受けてのちは、前田年昭さんが一貫して伴走してくれた。度重なる討論、視点と草稿への疑問の提示、資料の探索――どれひとつをとっても、前田さんの協働なくして、本書は生まれなかった。特に「金嬉老」が時代状況の中でもった意味などについて。こころから感謝する。高瀬さん、前田さんと共に、数回に及ぶ執筆途中での討論に参加してくれた太田出版の日向泰洋さんからは、世代が大きく異なる、若い場からの示唆をもらった。第二章以降に収めた文章の初版誌の編集を担当された方々にも、今回も装丁をお願いした本永恵子さんにも、合わせて感謝の気持ちをお伝えしたい。

二〇〇三年五月三〇日

太田昌国

文庫版へのあとがき

『「拉致」異論』（太田出版、二〇〇三年）は、原本の「はじめに」に書いたように、ある切迫した心境の下で準備された。確実に社会全体を満たしていくであろう、排外主義的ナショナリズムの騒乱状態を前に、何を、どのように言うか、と私なりに思いをめぐらせた二〇〇二年九月一七日深夜のことは、容易に忘れることができない。

その思いは、一〇か月後の二〇〇三年七月に、原本のような形をなした。私の本としてはめずらしくも、ある程度の数の読者に迎え入れられた。今回、河出文庫版に収められるに当たり全体を見直したが、あの時代状況の中に差し出した原型をできるだけ留めておくのがいいと考え、文章の明快さに関わるごくわずかの訂正を施し、誤植を訂正するに留めた。ただし、原本にあった「第三章」は、拉致問題顕在化以前に書かれたものだが、任務は十分に果たしたことと、紙幅の関係から、すべて削除して、新たな書き下ろしの文章を加えた。『「拉致」異論』以降も、折に触れて、この問題についての発言を続けている。それらは、他のテーマに関わる文章ともども、『「国家と戦争」異説』（現代企画室、二〇〇四年）と『暴力批判論』（太田出版、二〇〇七年）に収めてある。ご関心をお持ちの方は、それらもお読みいただくとありがたい。

日朝関係史について、特別に研鑽を積んできたわけでもない私が、わずかな時間の範囲内でまとめた原本が、あの社会的雰囲気の中でどこまでの力を発揮できるかについては、本人もおぼつかなかった。今回、書評と読者カードのファイルを読み返してみて、一定の反響があったのだという手応えを感じた。書評者には無論のこと、カードを送ってこられた方々にも逐一返信する時間的余裕はなかったが、当時の私が、これらの声に支えられていたことを、あらためて明確に自覚できた。在日朝鮮人からのカードが多かったことはうれしく、励まされた。

ジャーナリストも幾人もが訪ねてきた。いずれも、単色に染め上げられた拉致報道の現場にいながら、それに疑問と批判を感じている人びとだった。話し終えた後、「残念ながら、あなたの談話は取り上げるわけにはいきません」とすまなそうに口にする人もいた。それは、彼（女）個人の「罪」ではなく、拉致被害者家族会・拉致議連・救う会などが、記者会見の現場を統制・管理していて、「異論」を取り上げるメディアを排除していたことの逆証明であろう、と私は考えることにした。私は、ラテンアメリカ現代史をいくらか勉強してきた者だが、彼の地で大事件が起こるとすぐ取材に来て、出演することもあるテレビ、ラジオ、新聞メディアが、『「拉致」異論』を刊行した私には、いっさい連絡してこないことには「奇妙さ」を感じた。私は決して「出たがり屋」ではないが、拉致問題をめぐる言論状況がいかに不自由で、ただひとつの立場からの発言しか認めない水準のものであったかを知っていただくために、あえて触れておきたい。

本書が河出文庫に収められるに当たっては、河出書房新社編集部、阿部晴政さんにお世話になった。解説を寄せてくださった本橋哲也さん、文庫版の装丁も担当していただいた本永惠子さんにも感謝したい。

二〇〇七年一二月二七日

太田昌国

「増補決定版」へのあとがき

一冊の本が時代を継いで読み継がれていくなら、書いた者にとってそれはうれしいことだ。本書は、「はじめに」でも書いたように、一五年間で三度目の刊行ということになる。だが、本書の場合、書いた者の気持ちは、いささか複雑だ。

一五年前に本書を書いた動機はこうだった――二〇〇二年九月一七日、日朝首脳会談が終わった直後に始まった「拉致問題報道」はあまりに異常だ。二つの国が歩んできた歴史過程に深く関わる事態なのに、この報道では、自分の国の姿も、相手の国の姿も、何も見えていないし、今後も見えてくるはずがない。この重大なニュースを、これほどまでに自己中心的な形で捉えていては、偏狭な排外主義が高じたとんでもない時代が来るだろう。これを批判する、対抗言論が必要不可欠だ、と。

かといって、対抗言論に純化する気持ちもなかった。日ごろの私には珍しくも、報道関係者はもとより、政治・外交の任に携わる人びとへの政策提言的な意見もちりばめたつもりであった。こうすれば報道は、視聴者や読者が事態を正確に捉えるうえでしかるべき役割を果たすだろう。このような観点をもって対朝鮮外交の在り方を熟考し政策立案するならば、この困難な事態の打開に資するだろう。それは、五年後に刊行された蓮池透さんとの共著『拉致対論』（太田出版）では、私自身が心がけたより鮮明な動機となった。

だが一五年後のいま振り返れば、どれもこれも実らなかった。私が甘かったと言えば、そうだったのでもあろう。対抗言論としては多くの読者に迎い入れられ、それは、あの当時の独特な社会的雰囲気の中では心強かった。しかし、報道の在り方や政策立案上の問題提起に関しては、「無視」と「無関心」の広大な海を本書は漂流したようだ。「異論」を無視すること――どこの世界でもあることだ。それは、やはり、無念な事態であるには違いない。本書初版は、稼働初期の数年間で果たすべき任務を終えることができないままに、否、ひょっとしたらいっそう悪化した政治・社会・思想状況の中へ、三度目の航海へと出ていくことになる。

二〇〇八年の文庫版刊行以後も、折に触れて、この拉致問題についての発言を続けてきた。長短二〇本以上の文章を書いてきた。それらは、別途刊行されている私の複数の評論集に収録されているので、本書からは外した。

この「増補決定版」の推進役を担ってくださったのは、現代書館の菊地泰博さんである。出版不況の折、こころ苦しいことではある。旧版を知らない未知の読者、とりわけ事件が明るみに出たころは幼かった、あるいは生まれていなかった若い人びととの出会いに恵まれて、日朝間の相互理解と和解に役立つ本に成長してくれることを、切に願いたい。

二〇一八年九月一日
太田昌国

太田昌国（おおた・まさくに）

一九四三年、北海道釧路市に生まれる。人文書の企画・編集に携わりながら、民族問題・南北問題を軸にして、世界―東アジア―日本の歴史過程と現状を分析・解釈することに関心を持つ。主な著書に、『鏡としての異境』（影書房、一九八七年）、『千の日と夜の記憶』（現代企画室、一九九四年）、『〈異世界・同時代〉乱反射』（同、一九九六年）、『暴力批判論』（同、二〇〇七年）、『チェ・ゲバラ　プレイバック』（現代企画室、二〇〇九年）、『拉致対論』（蓮池透との共著、太田出版、二〇〇九年）、『新たなグローバリゼーションの時代を生きて』（河合文化教育研究所、二〇一一年）などがある。また、編訳書に、『アンデスで先住民の映画を撮る』（現代企画室、二〇〇〇年）、サパティスタ民族解放軍『もう　たくさんだ！　メキシコ先住民族蜂起の記録1』（小林致広との共編、現代企画室、一九九五年）『テレビに映らない世界を知る方法』（現代書館、二〇一三年）『[極私的]60年代追憶』（インパクト出版会、二〇一四年）、『〈脱・国家〉状況論』（現代企画室、二〇一五年）などがある。

【増補決定版】「拉致《らち》」異論《いろん》
――停滞《ていたい》の中《なか》で、どこに光明《こうみょう》を求《もと》めるのか

二〇一八年九月三十日　第一版第一刷発行

著者　太田昌国
発行者　菊地泰博
発行所　株式会社現代書館
東京都千代田区飯田橋三―二―五
郵便番号　102-0072
電話　03（3221）1321
FAX　03（3262）5906
振替　00120-3-83725
組版　具羅夢
印刷所　平河工業社（本文）
東光印刷所（カバー）
製本所　鶴亀製本
装幀　伊藤滋章

 ISBN978-4-7684-5841-9
定価はカバーに表示してあります。乱丁・落丁本はおとりかえいたします。
校正協力・高梨恵一
http://www.gendaishokan.co.jp/